Schraga Har-Gil

Täubele, mein geliebtes Täubele

Über den Autor

Schraga Har-Gil wurde 1926 in Würzburg als Paul-Philipp Freudenberger geboren. 1935 flohen seine Eltern mit ihm und seinem Bruder nach Palästina. Der Vater wurde als Jude und Sozialdemokrat von der Gestapo gesucht und sollte ins KZ Dachau gebracht werden, wurde aber rechtzeitig von einem Freund, dem Polizeikommandanten von Würzburg, gewarnt.

Im Zweiten Weltkrieg meldete er sich freiwillig in die British Army of Rhine und war als Soldat der jüdischen Brigade in mehreren deutschen Städten und im Todeslager Bergen-Belsen.

Während des Palästinakrieges 1948 wurde er so stark verwundet, dass er umsatteln musste. Der gelernte Schlosser absolvierte ein Lehrerstudium. Für kurze Zeit unterrichtete er an einem Gymnasium, wandte sich dann aber dem Journalismus zu, war fünfundzwanzig Jahre lang Redakteur für »Ma'ariv«. Danach wurde er Nahost-Korrespondent für deutsche, österreichische und schweizerische Tageszeitungen.

Mit sechsundsiebzig Jahren beschloss Har-Gil, mit dem Journalismus aufzuhören. Er hörte, wie er sagt, »in sich Geschichten, die das Leben geschrieben hat und die nun auf literarische Weise zu Papier wollten«.

2004 erschien sein Buch »Alte Liebe rostet nie« über seine Würzburger Kindheit zu Beginn der Nazi-Ära, 2006 »Der schöne Busen der Nachbarin – Geschichten aus Israel« im Verlag Königshausen & Neumann.

Schraga Har-Gil

Täubele, mein geliebtes Täubele

Jüdische Geschichten

Lamuv Taschenbuch 346

Bitte fordern Sie unser kostenloses Gesamtverzeichnis an:
Lamuv Verlag, Postfach 2605, D-37016 Göttingen
Telefax (0551) 41392
E-Mail: info@lamuv.de
www.lamuv.de

08 09 10 11 12 13 6 5 4 3 2 1

1. Auflage 2008
Originalausgabe

Umschlaggestaltung: Mareike Rabe
Gesamtherstellung: Steidl, Göttingen
Printed in Germany
ISBN 978-3-88977-689-1

Inhalt

Lasst Rosenduft sprechen

Viele Geschichten wurden schon über die Königin von Saba gesponnen, hatte die Bibel doch manches angedeutet, aber nur wenig berichtet. Nach den jüdischen Überlieferungen verlangte König Salomon von Gott in einem Traum: »Gib mir Weisheit allein. Damit will ich zufrieden sein.«

König Salomon war sehr klug. Er kannte nicht nur viele Sprachen der Menschen und verstand sie auch, nein, er konnte sogar auf die Sprachen der Tiere reagieren und die Düfte der Blumen verstehen – waren es nun die Frösche, die Vögel, die Rindviecher, die Bienen, die Elefanten oder die Rosen und Narzissen. König Salomon herrschte auch über die Unterwelt. Und Aschmadai, der Teufel und König der Unterwelt, musste als Untertan seine Gebote befolgen.

König Salomon vergrößerte ständig sein Reich, aber nicht mit Waffengewalt wie die anderen Könige. Salomon setzte Klugheit und Diplomatie ein, hatte aber auch ein großes Heer.

Die Könige, die sahen, wie stark Salomons Heer war, wie schnell seine Pferde liefen, kamen scharenweise zu ihm und boten sich als Untertanen an. Ohne zu zögern, zahlten sie auch den von König Salomon geforderten Tribut.

Eines Tages beschloss der König, all diese Herrscher zu sich einzuladen, damit sie ihm seine Ehrerbietung bewiesen. Kein einziger blieb fern. Sie kamen alle.

Salomon bat Aschmadai, alle Teufelinnen zu versammeln. Sie sollten vor ihm nach der Musik der Teufel tanzen.

Der Dirigent der Kapelle und Virtuose im Harfenspiel war kein anderer als Aschmadai persönlich.

Die Gäste waren entzückt und behaupteten, noch nie zuvor schönere Melodien gehört und erregendere Tänze gesehen zu haben als am Hofe König Salomons.

Viele Tiere waren als Gäste gekommen. Doch ein König der Vögel fehlte, der Auerhahn. »Wo ist er nur geblieben?«, fragte Salomon, und schon schickte er einen Läufer aus, der den Auftrag hatte, den Auerhahn zu suchen.

Der Auerhahn erklärte sein Nichterscheinen vor Salomon: »Ich konnte nicht kommen, weil ich viel zu traurig war. Eine Königin, o mein König, ist nicht zu eurer Huldigung gekommen. In diesem Königreich Kitor – andere nennen es Saba – gibt es eine große Anzahl von Soldatinnen, die für die Sicherheit sorgen. Doch sie brauchen keine Waffen. Die Herrschaft in Saba ist begründet auf dem Respekt vor der Königin. Das Land ist reich, und Gold gibt es dort wie Sterne am Himmel. Ich könnte mit anderen Vögeln dorthin fliegen und alle wichtigen Leute des Landes mit der Königin an der Spitze fesseln lassen. Das sollte die

Strafe sein, dass sie eurer Einladung nicht gefolgt sind.«

König Salomon schrieb sofort einen kurzen Brief, in dem er die Königin von Saba einlud, ihn zu besuchen. Die Kunde von ihrer Klugheit und ihrer Schönheit sei schon längst zu ihm gelangt. Er drückte aber auch seine Verwunderung aus, dass sie nicht wie alle anderen zu dem Treffen gekommen war. Am Ende des Briefes bemerkte König Salomon ganz beiläufig, dass er nicht die Absicht habe, ihr Reich zu erobern. Doch auch eine Drohung sprach er aus. Er würde die Raubtiere und Raubvögel und die Untertanen aus der Unterwelt auf sie ansetzen, bis sie seiner Einladung Folge geleistet hätte. Ehrengast wäre sie dann natürlich nicht mehr.

Die Königin – aus Ehrfurcht sprach im ganzen Land niemand ihren Namen aus – wurde im Volksmund Bat El, Tochter Gottes, genannt. Sie beriet sich lange mit ihren Ratgeberinnen und Ratgebern und willigte danach in die Einladung ein. Aber sie konnte nicht sofort reisen. Sie beschloss, drei Jahre verstreichen zu lassen; denn der Weg nach Jerusalem war lang, und noch musste sie viel tun, bevor sie ihr Land mit dem gesamten Gefolge verlassen konnte.

Sie reiste dann mit den größten Schiffen ihres Landes und fuhr bis Akkaba. Niemand anderes als sie selbst führte das Kommando. Es war das erste Mal, dass eine Frau in ihrem Land den Mut aufbrachte, eine solch lange und beschwerliche Seereise vom Süden des Roten Meeres aus anzutreten.

Von Akkaba aus wanderte sie mit dem ganzen Gefolge durch die Wüste bis nach Jerusalem, um den großen König Salomon zu sehen und ihn als den König der Könige anzuerkennen.

Als sie ankam, waren wieder die anderen Könige rings um König Salomon in seinem Gästehaus versammelt und betrachteten mit Neugier und Verblüffung die hübsche Königin. Kurz nachdem sie von König Salomon begrüßt worden war, nahm sie ihren zugewiesenen Platz unter den Königen ein. Große Stille herrschte in diesem Moment. Kein einziger König wagte, ein Wort zu sagen. Aber die Königin von Saba ergriff mutig das Wort. Selbstbewusst stand sie auf und sagte mit klarer Stimme: »Ich möchte eure Weisheit prüfen.« Dabei betrachtete sie den König Salomon genau und prüfte ihn mit ihren dunklen Augen. Sie sagte sich: »Er ist groß von Gestalt, seine Augen sind dunkel und klug. Ein ironisches Lächeln umspielt seine Lippen. Seine Gesichtszüge strahlen Kraft und Weisheit zugleich aus. Als er mir die Hand gab, konnte ich spüren, dass er auch zart und feinfühlig ist. Wenn ich mir einen Mann wünschen könnte, so müsste es dieser sein. Kein anderer.«

Nun setzte sie ihre Rede vor allen fort: »Ich habe einige Rätsel mitgebracht, die keiner in meinem Land lösen kann. Vielleicht seid ihr, lieber König, dazu bereit?«

In dieser Minute ging ein Rascheln des Protestes durch die Reihen der Könige, und der König der Philister sagte mit barscher Stimme: »Wie kann ein Untertan so zu dem König der Könige sprechen und insbesondere eine Frau.«

Die Königin von Saba wandte sich dem Philister zu und antwortete ruhig: »Gott hat uns alle gleich erschaffen. Als Mann und als Frau, als Frau und als Mann. Und wer sind Sie, dass Sie Gottes Urteil anfechten wollen?«

Daraufhin wurde es wieder still im Saal. König Salomon aber lächelte der Königin wohlwollend zu, als sie fortfuhr.

Sie hatte in ihrem Gefolge eine große Gruppe zwölfjähriger Jünglinge und Mädchen mitgebracht. Sie trugen alle lange Hosen und wadenlange Kittel. Auch ihre langen Haare waren so frisiert, dass nicht zu erkennen war, ob sie Jungen oder Mädchen sind. Die Königin von Saba brachte diese Gruppe vor König Salomon und fragte ihn: »Sagt mir nun, wer von ihnen die Mädchen und wer die Jungen sind.« König Salomon antwortete: »Gebt mir fünf Minuten.« Er ließ von seinen Sklaven geröstete Nüsse holen, für jeden zwei Hände voll. Die wurden an die jungen Leute mit der Anweisung verteilt, dass sie erst abends die Nüsse essen dürfen. Die Jungen hoben ihre Kittel hoch und steckten die Nüsse in die Hosentaschen. Die Mädchen aber schämten sich ihre Kittel hoch zu heben und behielten die Nüsse in den Händen. »Jetzt wisst ihr die Antwort«, sagte König Salomon schmunzelnd zu der Königin. Und die Königin lächelte.

Sie stellte noch viele Rätselfragen, bis die Diener die Könige zum Abendmahl riefen. Da sagte König Salomon: »Auch wenn ich eure Rätsel gelöst habe, so seid ihr trotzdem die Weise unter den Weisen, und ich schätze eure Freundschaft sehr. Erlaubt mir nun, euch in meine Privatgemächer zum Abendmahl einzuladen.«

Die Königin von Saba nickte ihm zu, und die beiden begaben sich gemeinsam in das festlich gedeckte Esszimmer. Es gab köstlichen Lammbraten vom Spieß, der mit duftenden Kräutern gewürzt war. Dazu wurden auf dem Feuer gebratene geschälte Auberginen gereicht, die in einer Olivenölsoße aus Galiläa, Zitronen aus der Scharon-Ebene und Meersalz aus dem Mittelmeer zubereitet waren. Besonders köstlich duftete die auf dem Feuer gebratene Hühnerleber, die umhüllt von kleinen Brotfladen im Ofen gebacken worden war. Zum Nachtisch tranken sie Rotwein aus den Weintrauben des Carmel-Gebirges, zu dem eine Schale mit Pekanüssen gefüllte Datteln aus Ein Gedi am Toten Meer aufgetischt wurde.

König Salomon wunderte sich, wie wenig die Königin von Saba aß, obwohl sie unablässig das gute Essen lobte. »Warum esst ihr so wenig?«, fragte er.

Sie antwortete: »Ich habe aus euren Schriften gelernt: ›Höre auf die Moral deines Vaters und vergiss nicht die Lehren deiner Mutter.‹ Meine Mutter hat mich immer wieder gelehrt: ›Wer wenig isst, isst in Wirklichkeit viel.‹«

Inzwischen dunkelte es schon, und die Zeit der Nachtruhe war gekommen. König Salomon lud die Königin ein, in einem seiner Gemächer zu übernachten. Und er versprach ihr: »Ich schwöre bei Gott, dass ich euch nicht anrühren werde, und ich werde nicht gegen euren Willen in euch eindringen. Denn bei Gott dem Allmächtigen habe ich viel zu viel Hochachtung vor euch.«

So gingen die beiden schlafen – und nichts ereignete sich.

Die Königin von Saba war nicht verheiratet; denn sie hatte beschlossen, nur einen Mann zu nehmen, der ihr an Weisheit mindestens ebenbürtig war. Einen solchen hatte sie in ihrem Leben bis jetzt noch nicht getroffen.

Doch in der Nacht kam Gott im Traum zu ihr und sprach: »Gehe zu König Salomon und liebe ihn; denn er ist mindestens so klug wie du, und auch in der Liebe ist er dir ebenbürtig. Aber denke daran, dass wenn du ihn liebst, du keinen anderen mehr lieben kannst. Nun überlasse ich es dir, ob du meinen Rat befolgen willst.«

Die Königin wachte schweißüberströmt auf. Sollte sie wirklich wegen einer Nacht ein Leben lang alleine sein? Sollte sie wirklich als Frau einen Mann nehmen statt, wie es üblich war, genommen zu werden?

Nach langem Überlegen rief sie ihre Amme zu sich. Sie wollte sich baden und mit Balsamen einreiben lassen. Herrliche Düfte umgaben sie. Die Amme hüllte sie in festliche Gewänder und begleitete sie bis zum Schlafgemach des Königs.

Der König saß auf einem schmalen Bett, auch festlich gekleidet, so als ob er gewusst hätte, dass alles so kommen würde. Aber neben dem kleinen stand ein großes Bett. Es war besonders breit. Gepolstert war es mit roten, gelben, weißen und rosa Rosen, deren Duft das ganze Zimmer erfüllte. Sklaven hatten unter Aufsicht sorgfältig jeden einzelnen Dorn der Rosenstängel entfernt und in großen Körben die Rosen in Salomons Schlafgemach getragen. Sklavinnen hatten das große Bett geschmückt und es mit den Rosen gepolstert. Ihr Duft verbreitete sich im ganzen Gemach. Es war der Duft der Liebe, der betörte und jeden ansteckte, der eintrat.

Als die Königin kam, war sie immer noch voller Zweifel, ob sie ihren Gefühlen oder der Vernunft folgen soll. Doch schon als die erste Rosenwolke ihr entgegenschwebte, waren ihre Zweifel wie weggefegt. Sie wollte die einmalige große Liebe erleben.

Salomon lächelte ihr entgegen, und seine Augen leuchteten vor Freude. Er erhob sich, ging ihr entgegen und umschloss sie mit seinen Armen. Jetzt nannte er sie zum ersten Mal Ahuva, Geliebte. Die beiden schenkten sich eine Liebesnacht, in der sich alle ihre Wünsche vereinten.

Als der Morgen anbrach, sagte König Salomon zu seiner neuen Geliebten: »Komm und werde meine Frau. Du sollst die wichtigste aller meiner Frauen sein.«

Die Königin von Saba betrachtete Salomon mit traurigen Augen und antwortete: »Weil ich dich wirklich achte, habe ich dir viele Geschenke mitgebracht, Gold für deinen Tempel, Sandelholz für Musikinstrumente und Elefanten, die beim Bau des Tempels mithelfen können. Ich selbst will auch deinen Glauben annehmen; denn er ist überzeugend, und wer zu einem unsichtbaren Gott betet, der weiß, dass es in der Ferne irgendwo einen Gott gibt, der einem hilft und vor Gefahr retten kann. All das kann ein Gott, den mein Tischler angefertigt hat, nicht tun; denn er ist ja nur aus Holz. Doch dein Angebot, lieber Salomon, kann und will ich nicht annehmen. Meine Untertanen in meinem fernen Lande brauchen mich, und ich will einfach nicht eine Frau – und sei sie auch die wichtigste – zwischen vielen sein. Die Einzige kann ich nicht sein, und mit anderen bin ich nicht bereit, mein Lager zu teilen. Mein Geliebter darf nur mir allein gehören.«

Salomon und die Königin umarmten sich noch einmal innig. Tränen standen in den Augen des Königs. Denn er wusste genau, der letzten Bitte konnte er nicht nachkommen. Er hatte fast alle Töchter der Könige geheiratet und noch viele mehr, um die politischen Bündnisse zu stärken.

Ein Jahr, nachdem der Sohn zur Welt gekommen war, besuchte König Salomon seine einmalige Geliebte. Salomon hatte sich für seinen ersten Besuch etwas ganz Besonderes ausgedacht. Er saß in einem Rosengefährt, das von acht Auerhähnen durch die Lüfte gezogen wurde, denen, umfangen von dem betörenden Duft, besondere Kräfte wuchsen. So war es der Rosenduft, der ihm vorauseilte und ihn schon bei der Königin ankündigte.

Die Königin von Saba hatte ihren Sohn Menelik genannt. Und König Salomon gab ihm noch einen Namen: »Ahuvia, der von Gott Geliebte«.

König Salomon lud seinen Sohn ein, ihn so oft er wolle zu besuchen. Und das tat er auch, bis sein Vater starb.

Er und all seine Nachfahren waren die Herrscher von Äthiopien. Mal waren sie erfolgreich und eroberten die Länder bis weit hinauf in den Norden von Ägypten.

Einst war das Land Äthiopien fast ganz jüdisch und hatte den Glauben von König Meneliks Eltern angenommen. Dann wieder wurden sie Christen, wie so viele Juden zur damaligen Zeit.

Doch der Name von König Salomon und seiner geliebten Königin von Saba blieb im Königreich Äthiopien für immer verankert bis zum letzten seiner Kaiser – Haile Selassi. Kurz vor seinem endgültigen Sturz und seiner Ermordung im Gefängnis 1974 wurde in der äthiopischen Verfassung verewigt, dass er und die gesamte Königsfamilie von der Königin von Saba und König Salomon abstammen. Wen wundert es, dass die Verfassung mit zwei roten Rosen besiegelt wurde, deren Duft bis heute in die Nase steigt.

(Aus der jüdischen Mythologie)

Bayerns Judenbischof und seine Kuren

Reb Mendel Rosenbaum war ein großer Gelehrter vor dem Herrn und bereits mit einundzwanzig Jahren Rabbiner. Auch als Kaufmann zeichnete er sich aus. Er erwarb schon kurz nach der Aussaat das Getreide auf den Feldern, ließ es nach der Reife ernten und danach in einer seiner Mühlen zu Mehl mahlen. Dann verkaufte er es. Er wurde bald reich und war trotzdem angesehen.

In Bayern nannte man ihn nur den »Judenbischof«, denn sogar zu König Maximilian von Bayern hatte er einen guten Draht.

Eines Tages erkrankte die Tochter des Königs. Die besten Ärzte in ganz Bayern wurden gerufen, um die junge Dame zu kurieren. Doch keiner wusste Rat.

Da sagte einer von den königlichen Ratgebern: »Ich kenne einen Juden, der schon viele von ihrer Krankheit durch sein Gebet und das Gebet seiner Jünger heilen konnte. Seine Majestät, holt ihn doch herbei. Reb Mendel wird kommen und zu ihr gehen und dann für sie beten.«

Der König befolgte diesen Rat. So saß Reb Mendel kurz darauf am Bett des blassen Mädchens, nahm ihre Hand in die seine und sagte dann dem König: »Eure Majestät, alles liegt in der Hand Gottes. Wir können nur für sie beten. Doch nur Gott allein kann kurieren. Und so soll es auch sein. Alles liegt in Gottes Hand.«

Reb Mendel fuhr zurück in das Dorf Zell am Main, einen Katzensprung von Würzburg entfernt, wo er eine Talmudschule eingerichtet hatte und im Judenhof auch eine Huf- und Nagelschmiede betrieb. Daselbst wohnte und lebte er auch mit seiner Frau und seinen Kindern.

Zwei Wochen lang um vier Uhr in der Früh standen 20 Jünglinge zusammen mit ihrem Rabbi, Reb Menachem Mendel, auf und beteten zu Gott nur für die Tochter des Königs. Erst danach gingen sie ihrer Arbeit in der Schmiede nach, und vier Stunden später widmeten sie sich dann dem Talmud-Studium.

Nach zwei Wochen kam ein Bote des Königs zu Reb Mendel und teilte ihm im Namen seiner Majestät mit: »Meine Tochter hat das Schlimmste überstanden und befindet sich auf dem Weg der Genesung.«

Reb Mendel bat trotzdem darum, noch eine Woche länger für die Tochter beten zu dürfen, solange, bis die Tochter wieder ganz gesund war. Das Flehen zu Gott hatte genützt. Reb Mendel sagte: »Gott, der Herr aller Welten, hat geholfen.«

König Maximilian war sehr glücklich und versprach, Reb Mendel zu helfen, dass Juden in Bayern von nun an in alle Berufe eintreten könnten, was ihnen bisher verboten war. Er beteuerte ernsthaft, so ein Gesetz so schnell wie möglich auf den Weg zu bringen.

Es vergingen noch viele Tage, bis es so weit war. Doch der König hielt sein Versprechen.

Einige Jahre später kam Reb Schmerl zu Menachem Mendel und erzählte ihm seine Geschichte. Alles tat ihm weh. Man sagt zwar, dass wenn ein Jude sagt: »Oj wai geschrieen«, dann weiß man, dass er lebt – und Reb Schmerl sagte dies fast jeden Tag. Er erzählte von seinen Rückenschmerzen, stöhnte über seine Beine und sein Herz. Am meisten aber verkniff er sein Gesicht vor Schmerz, als er über seine Hühneraugen sprach. Er sagte: »Rebbe, was kann ich tun?«

Reb Mendel antwortete ihm ohne Umschweife: »Geh zu einem Doktor, lass dich untersuchen. Er wird schon herausfinden, was du hast, und dir eine entsprechende Medizin verschreiben.«

Aber Reb Schmerl erwiderte: »Rebbe, ich bin ein armer Hausierer, gehe von Tür zu Tür und verkaufe an die Bauersfrauen der ganzen Umgebung schöne Tücher und Stoffe. Sie kaufen alle gerne bei mir, denn meine Ware ist gut und billig. Aber es langt nicht, um einen guten Doktor zu bezahlen. Was kann ich also tun?«

Reb Mendel von Zell holte tief Luft und meinte: »Schmerl, Ihr sollt wissen, dass gut gemeinte Worte Wunder wirken. Ihr geht von Haus zu Haus, trefft viele Leute. Bittet Eure Freunde und alle Wohlmeinenden, dass sie Euch mit dem Gruß ›A bi gesund‹ begrüßen sollen. Ihr werdet sehen, dass Gott Euch helfen wird. Ihr sollt weiter eure Ware verkaufen und werdet noch ein langes Leben vor euch haben.«

Frohgemut verließ Reb Schmerl den Judenhof, und schon am Ausgang rief er einem Schmied, der mit dem schweren Hammer auf den Amboss klopfte, zu: »Sei gesund!« Und der Schmied betrachtete den humpelnden Schmerl und antwortete ihm heiter: »A bi gesund.«

Reb Schmerl wurde nicht sofort gesund. Natürlich dauerte es noch eine gewisse Zeit, bis jeder Mann im Dorf und in der Umgebung wusste: Schmerl, den Hausierer, muss man mit »Sei gesund« begrüßen, denn dann hört er auf zu krächzen und zu klagen. Man musste es ihm immer wieder sagen. Sogar wenn eine Frau nichts bei ihm kaufte, war Reb Schmerl trotzdem nicht böse, wenn er beim Ausgang aus der Wohnung das ihm so bekannte Wort zugeflüstert bekam.

So vergingen die Jahre, und manch ein Talmudschüler von Reb Mendel wurde Rabbiner in einer der vielen jüdischen Gemeinden in Deutschland. Reb Schmerl kannten alle.

Fast bis zu seinen letzten Tagen humpelte Reb Schmerl von Dorf zu Dorf, verkaufte seine Ware und freute sich bei jedem Gruß »Sei gesund!«.

Als Reb Schmerl dann mit achtundneunzig Jahren im Sterben lag, kam ein Doktor und untersuchte ihn. Er sagte: »Reb Schmerl, Ihr seid ganz gesund. Wenn Ihr jetzt in den Himmel kommt, wird der Engel Gabriel Euch sagen: ›Schmerl, Ihr seid so gesund wie nur wenige auf der ganzen Welt. Wir haben schon lange auf dich gewartet. Sogar deine beiden Frauen – die erste und die zweite – fragen schon nach dir. Es gibt bei uns viel Arbeit für dich.‹«

Da krächzte Reb Schmerl noch einmal: »Oj oj oj« – und verschied.

Täubele, mein geliebtes Täubele

Es war einmal ein großer Chassid im Stetl. Seine Kinder waren schon erwachsen und hatten längst das Haus verlassen. Seine Geschäfte gingen gut. Aber eines störte. Er war so allein, denn seine Frau war an einer schweren Krankheit gestorben. Was macht da ein Chassid? Er geht zum Rebbe und bittet um Rat!

Der Rebbe strich mit der linken Hand über seinen Bart und überlegte ... Nach einer Weile sagte er: »Reb Jid, ihr seid doch ein stattlicher Mann. Heiratet eine junge Frau und beginnt euer Leben von neuem. Geld habt ihr genug. Ihr braucht keine Mitgift. Also auf, voran!«

Da sagte sich Jossl, der Chassid: »Kein Problem. Ich habe einen armen Bruder, der hat eine wunderschöne Tochter. Das schöne Täubele. Zweiundzwanzig Jahre ist sie alt. Sie ist noch grün. Soll sie in mein Haus kommen und mir Freude bereiten. Ich nehme sie als Haushälterin. Sie soll mein Haus führen. Und dann, wenn sie mich kennen gelernt hat, wird sie sich bestimmt in mich verlieben. Und wir werden unsere Hochzeit feiern.«

Täubele hatte keine Arbeit und freute sich, bei Onkel Jossl etwas Geld zu verdienen. Aber bald sprach sich im Stetl herum, dass die hübsche Täubele, das schönste Mädchen im ganzen Städtchen, hierher gekommen war. Die jungen Männer kamen nun einer nach dem anderen zu Täubele, umgarnten sie, und ihre Herzen schlugen höher. Alle, aber auch alle wollten Täubele haben. Und sie dachten sich allerhand Schmeicheleien aus. Doch als sie hörten, dass Täubele außer den schönen schwarzen

Augen und den seidenen Haaren keine Mitgift hatte, verschwanden sie wieder. Ein jeder ging mit einer anderen Ausrede fort. Man sah sie nie mehr.

Nur Chaim Jankl, der Schmiedgeselle, kam und unterhielt sich mit Täubele. Er fragte nicht nach einer Mitgift. Er wollte überhaupt nichts von Geld wissen. Er erzählte von den Tanzabenden im Stetl. Er sang ihr ein Liedl vor und schaute das hübsche Täubele mit seinen blauen Augen verliebt an. Dabei seufzte er: »Oj oj oj!«

Da fragte Täubele ganz erschrocken: »Chaim Jankl, tut dir etwas weh?«

»Nein«, sagte er, »nur mein Herz schmerzt, weil ich dich noch nicht besitze.«

Täubeles Augen waren nass von den Tränen, die sie vor Rührung weinte. Auch ihr gefiel Chaim Jankl. Er war groß und schön. Der Schmiedgeselle hatte starke Arme und konnte sie beim Tanz schwingen wie seinen Hammer auf den Amboss. Stolz erzählte er ihr, wie er Geräte aus einem Stück Eisen machte und dabei nur mit seinem Hammer klopfte. Immer wieder sagte er: »Gewusst wie!«

Chaim Jankl gefiel Täubele immer mehr. Als er ihr eines Tages einen Heiratsantrag machte, konnte sie nicht nein sagen, obwohl ihr der Onkel viel mehr geboten hatte. Aber der war eben schon alt und sie noch so jung.

Auf ihrer Hochzeit tanzten die beiden ausgelassen und fröhlich. Chaim Jankl warf seine Frau, das zierliche Täubele, in die Luft. Er fing sie wieder auf, und es war eine Wonne, sie anzuschauen. Täubeles Augen glänzten vor Glück.

In der Hochzeitsnacht sagte Chaim Jankl zu Täubele: »Täubele, meine Schöne, Täubele, meine Liebe. Ich habe dich so lieb und werde dich nie in meinem Leben verlassen.«

Einige Zeit später kam das erste Kind. Auch ein zweites und drittes Kind ließen nicht lange auf sich warten. Aber Chaim

Jankl verdiente nicht mehr, und das Geld reichte hinten und vorne nicht.

»Ich werde nach Amerika fahren«, sagte Chaim Jankl. »Dort liegt das Geld bekanntlich auf der Straße. Vom ersten verdienten Geld werde ich für dich und die Kinder Schiffskarten kaufen, damit ihr zu mir nachkommen könnt. Denk immer an mich, Täubele. Ich habe dich so lieb.«

Täubele begleitete ihren Mann bis nach Odessa. Dort im Hafen ankerte das Schiff nach Amerika. Die beiden umarmten sich. Sie weinten beim Abschied herzzerreißend. Sogar die drei Kinder waren mitgekommen. Chaim Jankl umarmte jedes Kind und küsste alle. Er versprach, Geschenke zu schicken. Und Chaim Jankl stellte sich vor, bald eine eigene Werkstatt einzurichten.

Nach vier Wochen kam ein Brief von Chaim Jankl an. Darin erzählte er, dass er bereits ein Zimmer gefunden und schon einige Tage in einer Schmiede gearbeitet habe. Schon bald wollte er das Geld für die Tickets verdient haben.

Einen Monat später kam wieder ein Brief. Er war traurig. Er berichtete von Einbrechern, die in seinem Zimmer alles gestohlen hatten, auch das Geld. Aber er war zuversichtlich. Er würde wieder Geld verdienen, und bald schon wären Täubele und seine Kinder bei ihm in Amerika.

Dann wurden die Briefe spärlicher. Und eines Tages blieben sie ganz aus.

Der Sohn des Onkels Duvidle, der ein zu kurzes Bein hatte, war bereit, die schöne Cousine mit ihren Kindern zu nehmen. Doch Täubele sagte: »Ich kann nicht. Ich bin mit Chaim Jankl verheiratet. Er wird ganz bestimmt eines Tages kommen und uns nach Amerika holen.«

Täubele hatte jedoch kein Geld und musste außerdem drei Kinder ernähren. So blieb ihr nichts anderes übrig, als eine Entscheidung zu treffen. Der Onkel gab ihr Geld, damit sie einen Lebensmittelladen eröffnen konnte. Er sagte: »So etwas geht immer.«

Täubele war immer noch hübsch. Sie war auch nett, und alle hatten sie gern. So stand sie von morgens früh bis spät abends im Laden und verkaufte alles, was das Herz begehrte.

Die Jahre gehen nicht spurlos an den Menschen vorüber. Auch Täubele bekam hier und da eine Runzel im Gesicht. Chaim Jankl blieb immer noch unsichtbar. Auch interessierte er sich nicht für die Kinder, schickte keine Geschenke mehr. Und das schöne hübsche Täubele, das er so geliebt hatte, wurde auch älter.

Sie ging zum Rebbe und fragte ihn: »Was soll ich tun? Ich habe einen Mann und habe doch keinen.«

Der Rebbe sagte ihr: »Täubele, du Hübsche, ich kann dich erst von deinem Hochzeitsschwur entbinden, wenn ich weiß, dass dein Mann tot ist. Aber vielleicht lebt er.«

So saß das schöne Täubele tagaus tagein in ihrem Laden. Die Kinder wurden groß, verließen das Haus – und Täubele blieb allein.

Eines Tages kam ihre Cousine sie besuchen. Sie hatten sich zwanzig Jahre lang nicht gesehen. Zwanzig harte Jahre waren vergangen. Jedes Jahr hatte Spuren in Täubeles Gesicht hinterlassen. Und ihre Schritte wurden schwerer. Aber sie hoffte immer noch, dass Chaim Jankl zurückkommen würde.

»Täubele, schönes Täubele«, sagte ihre Cousine Chaja. »Einst warst du die Schönste im ganzen Land – und was ist jetzt?«

Täubele weinte sehr.

Am selben Tag kam ein Brief von Chaim Jankl. Er schrieb, dass er so lange nichts von sich hören gelassen hätte, weil er nicht genügend Geld für die Tickets verdient hatte. Er schäme sich deshalb. Doch seine große Liebe für Täubele und seine Kinder wäre immer geblieben.

Nach vier Wochen kam ein neuer Brief. »Liebes Täubele, ich wollte zurück zu dir. Doch Gott hat es mir nicht vergönnt. Ich habe plötzlich schweren Lungenkrebs bekommen, und meine Tage sind gezählt.«

Eine Woche später kam ein kurzer Brief von einem Nachbarn und gutem Freund Chaim Jankls. »Liebe Frau Täubele, mein herzliches Beileid. Ihr geliebter Mann ist unter großen Schmerzen gestorben. Seine letzten Worte waren: ›Täubele, mein geliebtes Täubele.‹ Er wurde auf dem jüdischen Friedhof von New York beigesetzt. Die Nummer des Grabes ist 13 468.«

Das ist die Geschichte von der grünen Täubele, die nicht daran glauben wollte, dass man sie betrügt.

Es war einmal ein Schuster

Es war einmal ein Schuster. Er hatte eine Frau und zwölf Kinder. Aber oft hatte er nur zwei oder drei Paar Schuhe am Tag zu reparieren. So reichte das Geld, das er verdiente, nicht einmal für Brot und Butter für seine Kinder oder für seine Frau. Von ihm selbst ganz zu schweigen.

Da ging er zu seinem Freund, dem Schneider, und erzählte ihm traurig von seiner Not. »Viele Kinder, zu wenig Geld, sie zu ernähren, was soll ich tun?«

»Geh doch zum Rebbe, der weiß immer einen Rat«, sagte der Schneider. Da ging der Schuster zum Rebbe und klagte ihm sein Leid.

Der Rebbe gab ihm allerdings nur einen Rat mit auf den Weg: »Bete zu Gott, dass er dir hilft.«

Reb Elijahu, der Schuster, ging noch in derselben Woche wie immer am Sabbat in die Synagoge. Als der Vorleser den Wochenabschnitt aus der Thora vorgelesen hatte und sie eingehoben wurde in den Schrein, hielt es den Schuster nicht länger in der Bankreihe der Betenden. Er lief vor den Toraschrein, und dort bat er inbrünstig und laut Gott um Hilfe.

Alles blieb still. Keine Stimme kam von oben, obwohl der Schuster zwischen seinen Verbeugungen immer wieder dorthin schaute.

Nur ein Bettler kam und bat den Schuster, seine Schuhe umsonst zu reparieren.

Der Schuster zögerte lange, doch zum Schluss sagte er: »Ein Stück Leder für den armen Mann werde ich noch finden.«

Am anderen Tag reparierte er die Schuhe. Doch Hilfe von oben kam nicht.

Da sagte der Rebbe zum Schuster: »Geh in den Wald. Dort bist du ganz allein. Rufe Gott noch einmal an. Schreie deine Bitte heraus mit aller Kraft, damit es Gott auch hören kann.«

Der Schuster tat, wie ihm befohlen, blickte nach oben – schrie. Doch nichts rührte sich, und Gottes Stimme war wieder nicht zu hören. Darauf blickte er nach unten, schon ganz verzweifelt. Und was sah er da? Beeren, die alle reif waren und nur darauf warteten, gepflückt zu werden. Auch Pfifferlinge sah er auf einmal, die zuhauf golden aus der Erde sprossen. Da sagte er zu sich: »Das ist vielleicht ein Wink Gottes.«

Am anderen Tag kamen er und seine Kinder in den Wald, und alle sammelten Beeren, Blaubeeren und Himbeeren. »Kinder«, sagte er, »ihr verkauft die Beeren und ich kaufe Leder ein.«

Der Schuster und seine Kinder gingen in die Stadt. Die Kinder verkauften Beeren und Pfifferlinge in kleinen Körben auf der Straße und gaben dem Vater das Geld. Er ging gleich Leder einkaufen, und mit dem

Rest des Geldes kaufte er seiner Frau zwei Kochbücher für Pilze und Waldbeeren.

Als der Schuster nach Hause kam, freute sich seine Frau über das Geschenk, und da die Kinder ihr noch einen Rest Beeren und Pilze aufgehoben hatten, ging sie gleich ans Werk.

Am anderen Tag gingen die Kinder wieder in den Wald und sammelten Beeren, viele Beeren. Über Nacht waren neue Beeren gereift und neue Pilze gewachsen.

Die Frau des Schusters sammelte überall Gläser und machte Waldbeerenmarmelade. Von dem Geld konnte sie schon Zucker kaufen.

Bald hatte der Schuster nicht nur eine Schuhreparatur, sondern auch einen kleinen Laden, wo man die beste Marmelade der Welt kaufen konnte. Seine Kinder verkauften in der Stadt Waldbeeren und Pilze, die sie alle selbst gesammelt hatten. Da sagte man in der Gemeinde: »Viele Kinder sind ein Segen Gottes. Reb Elijahu, der Schuster, hat schon längst vergessen, dass er und seine Familie einst hungrig waren. Mit Gottes Hilfe essen sie heute so viel sie wollen und danken Gott dafür.«

Der Rebbe gab noch viele Ratschläge. Aber der, den er dem Schuster in der Zeit seiner großen Not gegeben hatte, war der beste.

Surele, sein Surele

Was kann sein, was kann sein, wenn Reb Jankl ist allein?

Er denkt nur an eines: Surele, sein Surele, die jüngste Tochter, sitzt zu Hause und weint und weint: »Ich krieg keinen Mann, was fang ich bloß an? Tatenju, tatenju, immer hast du mir gesagt, du bist meine Hübsche. Und jetzt? Keiner, aber auch keiner beißt an.«

Acht Töchter hat Reb Jankl. Sieben sind verheiratet, sechs haben schon Kinder. Und gerade die hübscheste und liebste von allen, Reb Jankles Jüngste, hat noch keinen Mann.

Doch der Schadchen – der Heiratsvermittler – sagt klipp und klar: »Ohne Mitgift keine Heirat!«

Wieder einmal ist guter Rat teuer. Alle passenden jungen Männer der Gemeinde sind nur bereit zu heiraten, wenn der zukünftige Schwiegervater genug Geld gibt, damit man wenigstens einen kleinen Laden eröffnen kann, denn das wichtigste in der Liebe sei doch die Parnose, die wirtschaftliche Existenz, meinten sie.

Reb Jankl aber hat kein Geld. Es sind schwere Zeiten, und die Geschäfte gehen schlecht. Reb Jankl, der ein großer Händler war in den Augen der Juden des Dorfes, hat sich völlig verausgabt bei der Finanzierung der Mitgift für seine Töchter. Nun hofft er, wieder Geld zu machen. Er kann Sureles Jammern schon nicht mehr ertragen. Sie soll unbedingt bald heiraten. Aber es ist nichts zu machen! Die Geschäfte laufen einfach nicht.

Jeden Tag sitzt Surele in ihrem Zimmer und klagt: »Wenn kein Freier kommt und mich liebt, dann bin ich ja bald ein altes Mädchen. Niemand will mich dann mehr haben!«

Reb Jankl wird immer trauriger.

Zu guter Letzt geht er zum Rebbe und erzählt ihm alles. Zum Schluss sagt er: »Nun weiß ich nicht mehr weiter!«

Der Rebbe antwortet ihm: »Ich will trachten (denken) und trachten. Gott wird schon helfen!«

Das jüdische Fest der ersten Ernte steht vor der Tür. Und der Rebbe sagt: »An diesem Feiertag singen die Verliebten das Hohelied der Liebe, das mit den Worten beginnt: ›Er küsse mich mit dem Kusse seines Mundes, denn deine Liebe ist lieblicher als Wein.‹ Viel von Liebe steht in dem Hohelied Salomos, aber von Mitgift kein Wort. Also, lasst uns Boten schicken in alle Gemeinden der Umgebung. Sie sollen dort verkünden: ›Wer jung und im heiratsfähigen Alter ist und eine hübsche und kluge Frau sucht, die zwar keine Mitgift hat, dafür aber umso mehr Liebe und Verstand, der soll sich beim Rebbe melden.‹«

Elf junge Männer finden sich zur gegebenen Stunde beim Rebbe ein. Surele ist aufgeregt und begeistert. Sie tanzt vor Freude vor den Männern. Ein Klezmer spielt auf.

Nach dem Tanz ist Surele außer Atem: »Ich will einen Mann, der mir gefällt, aber mit dem ich auch reden kann. Ich gebe euch allen ein Rätsel auf. Wer es löst, den will ich haben.«

Surele setzt sich in die Mitte des Männerkreises und fragt: »Was ist schöner als eine Vollmondnacht?«

Stumm blicken sich die Männer an. Da sagt einer: »Ein sonniger Tag.« Ein anderer meint: »Ein blauer Himmel.« Und der Dritte ruft laut: »Ein Haufen Geld.« So ging es weiter, und Sureles Gesicht wurde immer länger. Sie wollte schon das Rätselraten abbrechen. Doch da hört sie eine wohlklingende Stimme: »Nur du, Surele, nur du bist schöner!«

Sureles Augen leuchten. Sie blickt den jungen Mann an – Jossele, den Bäcker, der die besten Brötchen in seinem Dorf bäckt –

lächelt ihm zu und gibt ihm die Hand. »Du bist mein Auserwählter!«

Surele fängt vor Freude wieder an zu tanzen. Sie hüpft und springt, dass es lustig und schön anzusehen ist. Sogar ihren Auserwählten bittet sie zum Tanz. Er wirft seine Surele immer wieder in die Luft, fängt sie auf, und dann drehen sie sich im Kreise.

Auch Reb Jankele wird von den heiteren Klängen der Musik angelockt. Er hat schon vorgesorgt. In beiden Händen hält er eine Flasche Branntwein und ruft: »Kummt, Jidn, kummt. Ich habe eine gute Partie gefunden. Lasst uns fröhlich sein und tanzen.«

Zwei Wochen später ist die Hochzeit, und das ganze Dorf – Juden und Gojim – feiert. Die Freude ist so groß, dass man auch später noch sagt: »Wer Reb Jankls Freude nicht gesehen hat, weiß nicht, was echte Freude ist!«

Die schöne Irma, der junge Julius und der Schadchen

Irma war die schönste in ihrer ganzen Familie. Sie hatte blaue Augen, langes braunes Haar, einen schönen runden Busen, war hoch gewachsen. Wer sie aber einmal tanzen sah, der sagte sich: »So etwas sieht man nur einmal im Leben.« Irma sang gern, aber tanzen war ihr Lebenselixier. Sie liebte Hochzeiten, denn da konnte man am meisten tanzen. Sie hatte nur einen Nachteil. Ihre Eltern waren arm, hatten noch vier andere Töchter, die alle verheiratet werden wollten. So war die Mitgift für die jungen Frauen sehr dürftig. Der Rabbiner, der, wie es üblich war, auch der Schadchen, der Heiratsvermittler der jüdischen Gemeinde war, hatte Irma schon lange im Auge, war sie doch nicht nur schön, sondern auch intelligent.

»Es gibt keinen besseren Kandidaten für Irma«, sagte der Rabbiner zu ihrem Vater, der Lehrer an der kleinen jüdischen Volksschule des Dorfes in Unterfranken war, »als den jungen Julius, der als Holzhändler gutes Geld verdient.« Er hatte nur einen großen Nachteil. Sein Gesicht war zwar schön und seine Gesichtszüge ausgeglichen, auch seine Haare waren lang und glänzend. Doch er hatte ein zu kurzes Bein. Er konnte schöne Geschichten erzählen, die Irma immer wieder zum Lachen brachten. Die junge Frau wollte jedoch immer wieder tanzen, und da war Julius nicht ihr richtiger Partner.

Ihre Eltern aber dachten daran, dass Julius eigentlich sehr nett war und sicherlich ein guter Vater für seine Kinder werden würde. »Nimm ihn doch«, sagte ihr Vater.

»Und wie soll ich mit ihm tanzen?«, fragte ihn verzweifelt seine Tochter.

Der Rabbiner, der die beiden zusammenbringen wollte, überlegte lange. Dann rief er Irma zu sich und sagte ihr: »Schon im Talmud steht geschrieben: ›Betrachte nicht den Krug, sondern was in ihm ist.‹ So ist auch in Julius vieles, was gut ist.«

Eines Tages hatte Julius einen Lastkahn erworben, den er mit Baumstämmen belud. Irma war einmal Ehrengast auf diesem Dampfer, der langsam und majestätisch auf dem Main fuhr. Julius war sehr froh mit seiner hübschen Ladung, die seinem Schiff einen ganz neuen Ausdruck gab.

Irmas Eltern nahmen allerdings auch an dieser Dampferfahrt teil. Sie hielten sich diskret im Hintergrund, wussten sie doch, worum es geht. Denn vor der Hochzeit durften die Paare sich nur unter Aufsicht der Eltern treffen. Irma wusste nicht so recht, wie Julius dieser Lage gewachsen sein könnte. Doch er begann auf einmal mit seiner vollen Baritonstimme laut zu singen. Die Eltern horchten bei seinem Jubelgesang auf und wunderten sich sehr, denn das hatten sie nicht erwartet. Auch Irma freute sich. Sie wiegte ihre Hüften nach der Melodie. Da sie das jiddische Lied kannte, begann sie auch zu singen mit ihrer hellen klaren Sopranstimme: »Ojfn Pripetschik brent a fajerl ... un in schtub is heijs. Un der rebbe lernt kleine kinderlach dem alef bais.« Die beiden sangen so schön zusammen und hörten gar nicht mehr auf.

Julius hatte inzwischen aus der Kajüte sein Schifferklavier geholt und begleitete den Gesang. Die Eltern schauten sich versonnen an, träumten dabei und schwangen aneinander gelehnt mit, denn auch sie kannten die Lieder. Irma sang, stimmte immer wieder neue Lieder an, in die Julius einstimmte. Sein Gesang ging ihr zu Herzen.

Der Dampfer fuhr flussaufwärts. Kapitän und Maschinist wurden auch ganz eingenommen von dem Gesang der beiden jungen Leute. Dem Kapitän war es, als schwänge sein Steuerrad mit der Melodie und das Schiff auf den Wellen des Mains mit. Er sagte zu seinem Maschinisten: »Wie schön die Juden doch singen können. Fast hört es sich an wie in der Kirche.«

Plötzlich nahm Julius Irma bei der Hand, schwang sie in die Höhe und tanzte mit ihr auf einem Bein. Irma war verblüfft, sah immerzu zu ihren Eltern, und mit ihren Augen verriet sie ihnen: Der Julius ist doch nicht so schlecht.

Bald heirateten die beiden. Der große Julius und die grazile Irma waren ein schönes Paar, denn wenn er auf einem Bein stand, sah man von weitem nicht, wo das andere Bein steckte.

Schon nach einem Jahr gebar Irma ein Zwillingspaar, einen Jungen und ein Mädchen. Sie bekam noch zwei Jungen und später noch einmal Zwillinge – zwei Mädchen. Eine Frau half ihr im Haushalt. Schon bald sagte sich Irma: Unsere Wirtschafterin ist so nett und hat unsere Kinder so lieb, dass ich jetzt mit gutem Gewissen in Julius' Geschäft einsteigen kann. Mein Mann soll die Hölzer kaufen, aber ich will sie sortieren, bestimmen, wie lang sie sein sollen und wie viel von ihnen abgeschnitten werden soll.

So wurden die beiden auch Geschäftspartner. Nun konnten sie ganze Wälder abholzen und diese dann wieder kultivieren lassen für neue Bäume, Kiefern, Buchen.

Eines Tages sagte Julius: »Ich will eine Möbelfabrik bauen. Wir werden Betten und Schränke machen aus dem guten Holz.« So wurde ein Cousin von Julius der Leiter der Fabrik. Er war Schreinermeister und hatte bisher immer nur bei anderen als Angestellter gearbeitet. Nun hatte er die Möglichkeit, seinen Phantasien freien Lauf zu lassen. Seine Arbeiten waren sehr begehrt, und die Kunden sprachen nur von »Heiners Tischen« oder »Heiners geschnitzten Blättern auf den Schranktüren«.

Schnell musste die kleine Fabrik vergrößert werden. Julius und Irma verkauften ihre

Möbel preiswert und wurden immer bekannter in der Umgebung.

Eines Tages kamen die Nazis in Deutschland ans Ruder. »Kauft nicht bei Juden«, tönten sie – auch nicht mehr bei Irma und Julius Himmelfarb. Bis 1938 ging das Geschäft trotzdem noch gut, denn die Kunden waren nicht bereit, auf die billigen und schönen Möbel zu verzichten. Doch danach wurde es immer schwerer. Die nichtjüdischen Angestellten mussten entlassen werden. Julius und Irma wurden gezwungen, ihren gesamten Betrieb an einen Parteigenossen weit unter dem Wert zu verkaufen.

»Wir müssen weg«, sagte Julius. Doch es war schon zu spät zur Auswanderung. Ihre Kinder konnten sie noch für viel Geld nach England schicken. Irma und Julius zogen nach Würzburg, wo es noch eine jüdische Gemeinde gab.

1942 wurden Julius und Irma zusammen mit anderen Juden nach Theresienstadt geschickt. Sie kamen ein Jahr später nach Auschwitz. Julius war wieder ein gelehriger Kaufmann. Er gab sich als Schreiner aus, denn auch der Kommandant von Auschwitz und seine Aufseher hatten gern schöne Möbel. Manch einer von den Aufsehern kam in die Tischlerei mit den Maßen seiner Wohnung in Deutschland und gab für sie Möbel in Auftrag.

Der neue Beruf gab Julius frische Kräfte. Er wurde lebenswichtig für das Personal von Auschwitz. Schränke, Nachttische, Tische und Betten stellte er her. In der Tischlerei gab es immer viel zu tun, denn da waren auch andere Tischler, die gerne diese Arbeit machten und wie Julius besondere Essensrationen bekamen, damit sie bei Kräften blieben für ihre Arbeit.

Dann kam die Befreiung. Alle waren ausgehungert. Irma war so dünn wie ein Skelett geworden. Aber sie lebte. Als sich die beiden trafen, überlegten sie, was sie nun anfangen könnten. Nach England kamen sie nicht. Da ließ man sie nicht einreisen. Sie wollten aber nicht aufgeben.

»Lass uns nach Palästina gehen«, sagte Irma. »Nach Deutschland will ich nicht mehr zurück. Was uns dort passierte, ist zu bitter.«

Ja, sie wollten nach Palästina und sie waren sicher, dass auch eines Tages ihre Kinder den Weg dorthin finden würden.

So wie die meisten aus den Todeslagern Befreiten kam das Paar auch in ein Flüchtlingslager. Nach einem Jahr traten sie auf einem Schiff die Reise nach Palästina an. Später wohnten sie in Ra'ananna in einer kleinen Wohnung. Julius eröffnete eine Schreinerei. Ihre Kinder fanden nach Israels Staatsgründung den Weg zu ihnen.

Als Irma und Julius eines Tages auf der Straße spazieren gingen, kam ihnen jemand entgegen. Es war Dr. Levy, ihr Heiratsvermittler. Er war schon 1936 nach Palästina geflohen. »O, wie ich mich freue, euch zu treffen und dass ihr lebt! Oft hatte ich Zweifel an meiner Verkupplung von euch beiden. Aber jetzt sehe ich, dass es gut war.«

Nicht jeder Rabbiner aus Deutschland konnte in Palästina seiner Beschäftigung nachgehen. Dr. Levy jedoch hatte Glück. In Ra'ananna gab es viele deutsche Neueinwanderer, die eine eigene Gemeinde bildeten, nach ihrem deutschen Ritus beteten und Dr. Levy als ihr geistiges Oberhaupt anerkannten.

Natürlich lud er sofort das von ihm glücklich verkuppelte Paar in seine Synagoge ein, wo die Familie Himmelfarb einen Synagogenchor gründete. Sie war einige der wenigen Familien, die den Holocaust überlebten.

Der feurige Wagen

Alle im Dorf liebten Duvidl. »Ein süßes Kind«, sagten sie. Wenn Duvidl Musik hörte, bewegte er sich hin und her, hüpfte und drehte sich dabei, und manches Mal jubelte auch seine Stimme mit. Er war so fröhlich beim Tanzen, dass man schon Fünklein springen sah, die die Zuschauer zum ausgelassenen Klatschen anregten.

Seine kleine Freundin Jente imitierte ihn bald, und die beiden Kinder tanzten zusammen. Sie waren erst drei und vier Jahre alt.

Duvidl erfand immer wieder neue Tanzschritte, und Jente war eine wunderbare Schülerin. Sie liebte den Jungen sehr. Und wie sie ihn anblickte, wenn sie tanzten, das rührte jeden Zuschauer an.

Doch als Jente elf Jahre alt wurde, durfte sie nicht mehr tanzen. »Vor deiner Hochzeit darfst du mit keinem Mann mehr tanzen«, sagten ihr die Eltern.

Jente war sehr traurig darüber. Sie ging manchmal in das kleine Wäldchen neben ihrem Dorf und tanzte dort heimlich. Auch Duvidl war betrübt, hatte er doch Jente von Herzen lieb. Doch er tanzte ebenfalls alleine weiter. Er konnte gar nicht anders so stark war seine Neigung zu tanzen.

Die schönen Jahre vergingen. Und auch in die Ukraine kamen die Nazis aus Deutschland, und viele Ukrainer schlossen sich ihnen sofort an. Aber Schokobald war so klein und so unbedeutend, dass es nicht einmal auf einer Landkarte eingezeichnet war. Es lebten dort nur einhundert Familien. Über die Hälfte von ihnen waren nicht nur Juden, sondern sogar fromme Chassidim. So geschah es, dass das Dorf und seine Einwohner bis zum Ende des Jahres 1943 unentdeckt blieben. Sie lebten so weiter wie bisher, nur die Juden mussten besonders vorsichtig sein.

Durch einen puren Zufall kam eines Tages ein Auto mit einem deutschen Offizier und einigen Soldaten in das Dorf, das der Offizier für ein anderes gehalten hatte. Er sprach mit dem Bürgermeister von Schokobald und bemerkte schnell, dass er nicht in dem Dorf angekommen war, in das er wollte.

»Was ist mit euren Juden?«, fragte der Offizier.

»Nichts besonderes«, sagte der Bürgermeister.

»Was heißt nichts besonderes!«, wütete plötzlich der Offizier. »Die müssten ganz woanders sein.«

Er forderte den Dorfältesten auf, am nächsten Tag alle Juden in der schönen, kunstvoll verzierten Synagoge aus Holz zu versammeln.

Duvidl war inzwischen achtzehn Jahre alt geworden, und Jente war seine Braut.

Reb Schmerl, der an der Spitze der Gemeinde stand, wurde schon in den frühen

Morgenstunden zum Dorfältesten gerufen, der ihm mitteilte: »Packt eure Siebensachen in einen kleinen Koffer, denn ihr müsst irgendwohin zur Arbeit fahren.«

Reb Schmerl fragte aufgeregt: »So schnell?«

»Befehl ist Befehl. Da kann ich gar nichts machen«, meinte der Dorfälteste. »Du weißt es selbst. Die Nazis verstehen keinen Spaß.«

Ein paar Stunden später versammelten sich dreihundert Juden – die Alten, die Jungen, die Kinder – und durch die Synagoge ging ein Raunen: »Was ist geschehen?«

Dann stand Reb Schmerl, der alte Rebbe mit seinem weißen Bart, auf und sagte: »Kinderlach, ich liebe euch alle. Ihr wisst, ihr seid für mich wie meine eigenen Kinder. Lange haben wir hier leben können, ohne jemals behelligt zu werden. Draußen wütet ein schrecklicher Krieg. Millionen sind schon gefallen, Juden sind vertrieben worden aus ihrer Heimat, und Aschmadai, der Teufel, ist am Werk. Denkt daran, dass wir uns heute versammelt haben, weil unsere Feinde Böses im Sinn haben. Doch ich kann euch nur sagen: der GoguMagog-Krieg ist eingetreten. Das ist der schlimmste Krieg, den es jemals auf der Welt gab. Es ist der Krieg der Kriege, einen schlimmeren kann es nicht mehr geben. Doch wisset, was unsere Väter schon gesagt haben. Erst kommt der GoguMagog-Krieg, aber danach wird Meschiach Zitkeinu – der Messias, der Gerechte – kommen. Er wird uns alle erlösen von der Schmach und all dem schlimmen Unheil, das wir bisher erlebt haben und noch erleben werden. Doch bevor der Bösewicht jetzt zu uns kommen wird, werden wir uns freuen, tanzen, singen! Solange wir noch hier zusammen sind, will ich Duvidl und Jente unter den Hochzeitsbaldachin bringen, damit sie als geeintes Paar den schweren Weg antreten. – Duvidl und Jente, kommt zu mir! Ich schenke Duvidl meinen Trauring. Duvidl, nimm ihn mit gutem Gewissen, denn es ist vielleicht die letzte gute Tat, die ich tun kann. Sage mir nach, was ich dir vorspreche. Streife den Ring auf Jentes Finger und sprich: ›Mit diesem Ring bist du für mich geheiligt nach der Religion Moses und Israels.‹«

»Amen«, antwortete die Gemeinde. Und schon klangen aus allen Ecken der Synagoge die begeisterten Rufe: »Masel tow, masel tow, masel tow!« Viel Glück, viel Glück.

Reb Schmerl holte eine Flasche Branntwein, schenkte den beiden ein Gläslein ein und sagte: »Kinderlach, freut euch! Kinderlach freut euch, denn Gott hat es noch zugelassen, dass ihr ein Paar werdet. – Klezmer, spielt auf!«, rief der Rebbe.

Die Klezmer der Gemeinde begannen das Lied »Sherele« zu spielen. Sie spielten mit einer Begeisterung, die kaum vorstellbar ist.

Duvidl nahm seine Frau, holte sein Taschentuch aus der Tasche und fing an zu tanzen. Da nahm eine alte Frau, die mit zusah, ihr rotes Halstuch und reichte es

Duvidl. Alle bildeten einen Kreis um das tanzende Paar. Duvidl hielt das rote Tuch in seiner Hand und tanzte um Jente herum.

Dann ergriff Jente das andere Ende des Tuches, und die beiden tanzten zusammen, dass es schön anzusehen war und alle ergriffen waren.

Ihr Tanz wurde immer schneller. Sie tanzten um den Menschenkreis in der Synagoge herum. Alle sangen »Oj oj oj« auf die Melodie von »Sherele«. Jente und Duvidl hatten noch nie so hingebungsvoll getanzt. Zwischendurch tranken alle Branntwein, der die Runde machte. Die Musik und der Gesang ertönten im ganzen Dorf. Überall war die Musik zu hören.

Inzwischen war eine Kompanie der deutschen Wehrmacht ins Dorf gekommen. Sie hatten viele Benzinkanister in ihren Autos mitgebracht. Jetzt schütteten einige der Soldaten den Inhalt auf die Wände der Synagoge, verrammelten fachmännisch die drei Türen, sodass man sie von innen nicht öffnen konnte. Der junge Offizier hatte fast andächtig der Musik gelauscht, raffte sich dann aber auf und gab den Befehl: »Verbrennen!«

Schon hatten sich fast alle anderen Dorfbewohner um die Synagoge versammelt. Einige waren traurig, andere dachten nur daran, dass sie jetzt vielleicht das Haus ihres jüdischen Nachbarn bekommen würden.

In der Synagoge sagte der Rebbe: »Kinderlach, freut euch, bald wird der Meschiach kommen. Wir werden auferstehen. Aber unsere Feinde werden alle in dem schrecklichen Krieg umkommen. Denkt daran, dass unser Gott immer mit uns ist. Lasst uns jetzt noch einmal ›Schma Israel‹, ›Höre Israel, Gott, unser Gott, ist einzig‹ sprechen.«

Reb Schmerl stand wieder auf und sagte mit zitternder Stimme zu der Gemeinde: »Denkt daran, dass wir jetzt unseren Gott mit unserem Singen dienen und anbeten. Lasst uns singen, lasst uns tanzen, denn wir sind das auserwählte Volk.«

Die Klezmer spielten. Die Gemeinde sang weiter, als die Synagoge schon zusammenkrachte. Die anderen Dorfbewohner hörten die verzweifelten Schreie der Juden und sahen zu, wie sie verbrannten. Die Musik und der Gesang wurden lauter, die Flammen stiegen höher, als plötzlich aus den Flammen heraus ein großer Wagen, von feurigen Pferden gezogen, funkelnd empor zum Himmel fuhr. Davor tanzten andächtig Jente und Duvidl. Alle Juden standen auf dem Wagen und summten laut das Lied »Sherele«.

Erst als der Wagen die Wolken durchbrach und hinter ihnen verschwand, verstummte die Musik.

Da schrie die alte Jewgenia Kaldolowitsch: »Jesus Maria, jetzt sind die Juden sogar im Himmel!«

Erschrocken bekreuzigten sich alle – auch die Soldaten mit den Kanistern.

Das »Cassit«

Die Disengoffstraße war eine der ersten Straßen Tel Avivs. Schnell wurde sie zum Zentrum der israelischen Mode. Junge Frauen und junge Männer kamen nur nach Tel Aviv, um hier ihre Feiertagskleider zu kaufen. Doch diese Straße war auch das Zentrum der neuen hebräischen Kultur, deren Blüte zu Beginn des 20. Jahrhunderts begann. Die jungen hebräischen Dichter und Schriftsteller, die Maler des Landes und natürlich einige Dutzend Journalisten, die es damals schon gab, sie alle suchten ein Café, wo sie unter sich sein und die neuesten Bücher und Bilder loben oder kritisieren konnten.

Erst fanden sie ein Café nicht weit vom Meer entfernt. Doch dort behagte es ihnen nicht. So zogen sie weiter stadteinwärts, bis sie eines Tages das Café »Cassit« zu ihrer künstlerischen Metropole machten. Der damals junge Chazkel hatte ein besonders weites Herz für Künstler, und bei ihm spürte man seine Wärme für jeden einzelnen.

Chazkel, mit ursprünglichem Namen Jecheskel, war ein großer grimmiger Mann, der eines Tages beschlossen hatte, ein Café in der Disengoffstraße zu eröffnen. Er war nicht nur groß, sondern auch rund. Meistens saß er auf seinem Stammplatz im Café und oft, wenn dieses Café erst um zwei Uhr nachts schloss, schnarchte er bereits auf seinem Thron. Erst als der letzte Gast gegangen war, kam Marcel, sein französischer Kellner, und weckte seinen Chef mit den aufmunternden Worten »Bonjour Monsieur«. Während sich Chazkel noch die Augen rieb, erzählte Marcel ihm jedes Mal einen neuen Witz, der durch Marcels französischen Akzent allein schon witzig war. Die beiden tranken zu dieser Stunde das erste und das letzte Glas Wein, um das Ende des Arbeitstages zu begießen. Für beide, für Chazkel und für Marcel, war das Café ihr Zuhause.

Der Name Cassit kommt von Cossit (Weinglas), denn in diesem Café wurde nicht nur gegessen, sondern viel Wein, Cognac und Whisky getrunken.

Hier hatte der bekannte Poet Abraham Schlonsky jahrelang das Wort. Er war einer der Leiter eines wichtigen Verlages, und in literarischen Kreisen galt Schlonskys Wort sogar mehr als die zehn Gebote – und das im Heiligen Land. So bekam er eines Tages von einem jungen Schriftsteller ein Manuskript. Er las es einmal, zweimal, dreimal, und schließlich offenbarte er dem jungen Mann im Café »Cassit«: »Mein lieber Freund, ich habe mit Andacht deinen Erstlingsroman gelesen. Er ist nicht gut und auch nicht schlecht. Er ist nichts. Und wenn du auf meinen Rat hören willst, so lass das Schreiben sein und male lieber.«

Der Schriftsteller befolgte den Rat. Zehn Jahre lang versuchte er sich als Maler in Amerika, in Israel und erst dann, schon nach dem Tod Schlonskys, begann er wieder zu schreiben. Inzwischen ist er unter den Schriftstellern bekannt. Seine Werke wurden sogar ins Deutsche übersetzt. Er ist heute noch böse auf Schlonsky, dass er ihn so schlecht beraten hatte.

Schlonsky spielte auch Schach. Einer seiner Schachfreunde war ein junger Schauspieler und Regisseur namens Nottowitz.

Eines Tages sagte er zu ihm: »Nottowitz, Nottowitz ... warum hast du keinen hebräischen Namen?«

»Weil ich keinen passenden gefunden habe«, antwortete er.

»Ich werde dir sagen, wie du heißen sollst«, erwiderte Schlonsky.

Nach fünf Minuten kam er wieder auf Nottowitz zu und rief: »Von nun an wirst du Natiw heißen.« Und so war es auch. Bis zum heutigen Tag heißt der Begründer und

Direktor der besten Schauspielschule Israels Nissan Natiw. Vor einiger Zeit erhielt er die höchste künstlerische Auszeichnung, den Israel-Preis, für sein Schaffen. Er hat wirklich seinen Weg gefunden und seinem Namen Natiw (Weg) alle Ehre gemacht. Für Schauspieler ist er wegweisend geworden.

Im »Cassit« konnte man auch jeden Abend den Dichter Aleksander Pen treffen. Wenn er öffentlich seine Gedichte rezitierte, waren alle begeistert von seiner herrlichen Stimme. Doch er hatte einen Fehler. Er war Kommunist. Aus diesem Grund wurde er eines Tages von der Gewerkschaftszeitung »Dawar« entlassen. Aber wie immer tröstete sich Pen mit einer der schönen Frauen, die ihn liebten. Ja, viele liebten ihn, denn mit seiner schwarzen Mähne, den bestickten Russenhemden und den Stiefeln, wie niemand sie außer ihm in Tel Aviv trug, war er der schönste Mann in dieser Stadt.

Kein Wunder also, dass Chana Robina, die Diva des Nationaltheaters Habima, den

Dichter Aleksander Pen zu ihrem Liebhaber machte. Die beiden hatten zusammen auch eine Tochter, Ilana, die eine der bekanntesten Sängerinnen des Landes wurde.

Aleksander Pens Frau war Krankenschwester, und oft wurde sie angerufen, ihren Mann, der angetrunken war, nach Hause zu holen. Jedes Mal schimpfte sie, aber wie eine gute Krankenschwester kam sie trotzdem treu und brav.

Im »Cassit« spielte sich auch eine Liebesaffäre zwischen dem Dichter und Stückeschreiber Natan Alterman und der bekannten Malerin Zilla Binder ab. Er war mit einer der bekanntesten Schauspielerinnen, Rachel Markus, verheiratet. Das Problem der Schauspielerin war, dass sie nicht verstand, warum Herr Alterman sich nicht mit ihr begnügte. War sie nicht bildhübsch? Und so passierte es, dass Rachel Markus ab und zu in das Café kam, um ihrem Natan die Leviten zu lesen. Er saß hier neben seiner Geliebten Zilla und sah ihr in die Augen.

Nach seinem Tod ging die Schauspielerin in viele Schulklassen und las die schönen Gedichte ihres Mannes ergreifend vor. Sie erzählte den Kindern von ihrer großen Liebe zu Natan. Jetzt konnte sie ihn ungestört lieben bis zu ihrem Lebensende. Auch Zilla blieb ihrem Natan treu, und nach seinem Tod sah man sie nur noch alleine im »Cassit«.

Während des Befreiungskrieges trafen sich hier auch Generäle. Yig'al Alon, Kommandant der Südfront gegen Ägypten und der Palmach-Stoßtrupps, kam in den Kampfpausen hierher, um sich mit General Izchak Sadeh, jahrelanger Kommandant der Hagana und Kommandant der Panzertruppen im Befreiungskrieg, und Schimon Awidan, glorreicher Kommandant der Giw'ati-Brigade, zu treffen. Alle drei waren Helden des Befreiungskrieges, die aber mit ihren sozialistischen und menschlichen Ansichten nicht in die neu gegründete Armee des

Judenstaates passten. Alle drei verließen nach dem Krieg die Armee.

Die ersten Minister des Landes aßen im »Cassit« zu Mittag, wenn sie in Tel Aviv waren. Unzählige Maler kamen ins Café, um hier zu essen und ihre Zeit zu verbringen, wenn sie nicht gerade im Studio malten. Doch alles war nicht so leicht, denn wer von den Malern hatte schon Geld? Aber Chazkels großes Herz schlug für alle. Er hatte extra ein Buch angelegt, in dem er die Schulden der Künstler notierte, die er jedoch nie einforderte. Dafür bekam er immer wieder ein Bild geschenkt. Manch einer bemalte auch die Wände des Cafés.

Einige Maler wurden wirklich berühmt. Aber die meisten sind heute vergessen. Chazkel war das aber nicht wichtig.

Aleksander Pen starb, Natan Alterman und Schlonsky auch, aber an ihrer statt kamen andere Größen, andere Leute. Der verstorbene Stückeschreiber Nissim Aloni, einer der besten des Landes, sagte einmal über »Cassit«: »Dieser Ort ist ein Anziehungsplatz für jeden Schriftsteller Israels, obwohl er hier nichts lernt, was er literarisch verarbeiten kann. Aber etwas kriegen hier alle mit, wenn einer der Kollegen oder Kolleginnen Erfolg hat. Und die Herzen der anderen füllen sich dann mit viel Neid, aber nicht mit Weisheit. Und manch einer sitzt grübelnd vor einem Glas Whisky und fragt sich: ›Warum der und nicht ich?‹« Nissim Aloni allerdings hatte keinen Grund, sich zu beklagen. Seine Kurzgeschichten und seine Stücke waren immer begehrt und sind es bis heute.

Nach Chazkels Tod wollten die Tochter und ihr Mann dem alten »Cassit« einen neuen Anstrich geben. Die Wandgemälde der Maler wurden phantasielos übertüncht, Backgroundmusik installiert, Jazz gespielt – und damit wurden die letzten Anhänger in die Flucht gejagt. Eines Tages wurde das Café geschlossen. Das alte »Cassit« war gestorben ... wie Pen, Alterman und Schlonsky.

Jente, die Lumpensammlerin

Sie klopft an die Tür des armseligen Hauses einer alten Frau, der Bella Rosenberg.

An diesem Sonntag nach Jom Kippur – dem Versöhnungstag – geht Jente wieder von Haus zu Haus und bietet ihre Ware an. Die gebrauchten Schuhe, Hosen, Röcke, Hemden und Kinderkleidung hat sie fein säuberlich gefaltet in einem alten klapprigen Kinderwagen untergebracht. Fast andächtig schiebt sie ihn vor sich her. Man könnte meinen, darin liege ihr eigenes Kind. Aber Jente hat keine Kinder. Sie ist auch nicht verheiratet, obwohl sie schon ins mittlere Alter gekommen ist. Liegt es daran, dass ihre Eltern ihr keine Mitgift hatten geben können? Viele, die sie in dem frommen Ge'ula-Viertel in Jerusalem schon kennen, sagen nur, oft sogar im Vorübergehen zu ihr: »Gott wird schon helfen.«

Bella Rosenberg hat ihr nach einiger Zeit die Tür geöffnet und fragt sie: »Jentele, willst du vielleicht ein Glas Wasser?«

Jente nickt schüchtern. Über ihr hübsches Gesicht huscht ein Lächeln.

Bella verschwindet durch die schmale Tür. Als sie nach kurzer Zeit mit einem Glas kaltem Wasser zurückkommt, hat Jente schon für die alte Frau eine kleine Auswahl getroffen. Es sind eine geblümte, schon etwas verwaschene Küchenschürze, eine fast neue blaue Bluse mit langen Ärmeln zum Zuknöpfen und sogar ein Paar Wollstrümpfe.

Zur Erbauung für die alte Frau – Jente kennt sich schon gut aus in den verschiedenen Geschmäckern ihrer Kundinnen – findet sie in einem Karton in der unteren Ablage des Kinderwagens zwischen alten Gebetbüchern noch ein altes Exemplar der »Zena Ure'ena – Frauen, kommt heraus und schaut«. Dieses Buch ist Ende des 19. Jahrhunderts in Osteuropa in jiddischer Sprache erschienen und belehrt die frommen Jüdinnen, was und wie sie beten sollen. Vor allem aber sollen die Frauen aus diesem Buch auch lernen, wie sie sich in der Öffentlichkeit zu kleiden und zu benehmen haben.

Bella greift nach dem Buch, blättert neugierig darin, wobei sich ihr Rücken noch mehr beugt. Jente ahnt nicht, dass sich Bella auch erinnert: Sie hatte dieses Buch vor siebzig Jahren von einer Tante zur Verlobung geschenkt bekommen, die es ihr mit den Worten »Bella, du sollst viele Kinder kriegen« überreicht hatte.

Als Bella Witwe wurde, musste sie in eine kleine Wohnung umziehen. Nach dem Umzug hatte sie das Buch nicht wieder gefunden. Aber der Wunsch der Tante war in Erfüllung gegangen. Sie hatte sechs Kinder auf die Welt gebracht, die zu ihrem großen Kummer heute in der ganzen Welt verstreut leben. Kein einziges Kind ist in Israel geblieben.

Nach einer Weile fragt Bella versonnen: »Wie viel soll das kosten?«

»Ich gebe es euch ganz billig, für zwanzig Schekel«, sagt Jente und freut sich, als die alte Frau aus ihrem Faltenrock ihre Geldbörse zieht, im Kleingeld sucht und ihr zehn Schekel in die Hand drückt.

Jente sagt nichts und überlässt ihr das Buch zum Freundschaftspreis.

Sie ist froh. Ihr Tag hat gut begonnen. Schelmisch verabschiedet sie sich von Bella, und dabei bekommt ihr Gesicht einen mädchenhaften Ausdruck: »Bella, bleib gesund und bis bald!«

Sie packt alles wieder ein und legt behutsam eine vergilbte Babydecke über ihre Waren. Leichten Schrittes zieht sie weiter.

Am Haus der Birnbaums macht sie wieder Halt. Alle sagen, die Birnbaums hätten viel Geld. So klingelt sie behutsam.

Die zwölfjährige Tochter öffnet und fragt: »Was willst du?«

»Ist deine Mutter da?«, fragt Jente.

»Was willst du denn von ihr?«

»Ich will meine Ware verkaufen.«

Das Mädchen rennt zu ihrer Mutter und kommt nach einer Minute zurück. »Mama meint, wir brauchen nichts«, sagt sie bestimmt und macht die Tür vor Jentes Nase zu.

»Dann eben nicht! Ich hätte es vorher wissen müssen, dass die nichts nehmen. Sogar meine Mama sagt immer: ›Je größer der Geldsack, desto kleiner das Herz.‹«

Guten Mutes zieht sie weiter und summt dabei die Melodie von »Lecha dodi«, dem Lied, mit dem die frommen Juden den Sabbat begrüßen.

Jentes Kundenkreis ist groß. Nur alle paar Wochen geht sie in dieselbe Gegend. Manchmal hat sie auch großes Glück. Vorgestern ist sie zu Strikowskis gekommen. Die Tochter des Hauses hat gerade ihr fünftes Kind geboren. Die alten Babysachen sind schon längst nicht mehr zu gebrauchen. Da kommt Jente gerade im rechten Augenblick. Die abermalige Mutter kauft bei ihr eine ganze Babyausstattung und ist glücklich, wie viel Geld sie sparen kann.

Natürlich freut sich Jente beim Anblick des strampelnden neuen Erdenbürgers. »So süß wird mein Baby auch einmal aussehen«, sagt sie zu der Mutter, die sie erstaunt betrachtet. Dann streicht Jente liebevoll die vergilbte Babydecke über ihrer Ware glatt.

Jeden Morgen nach Sonnenaufgang ist Jente in den Straßen Jerusalems zu sehen. Dann geht sie auf die Jagd, bewaffnet mit ihrem alten Kinderwagen. Oft sind ihre Wege mit Erfolg gekrönt. Da findet sie auf einem Gartenmäuerchen oder auf einer Hecke ein schönes Kleid oder ein paar gute Schuhe, die die Leute ausrangiert haben. Ein anderes Mal kommt sie so in den Besitz einer kompletten Babyausstattung. Vielleicht hat eine Mutter sich gesagt: »Ich habe jetzt drei Kinder, und mehr will ich nicht.« Es ist schwer zu ergründen, warum die Leute so schöne Sachen nicht mehr haben wollen.

Oft sind die Tage aber auch erfolglos. Da liegen dann vor den Türen nur dreckige und kaputte Sachen. Wer aber glaubt, dass Jente an ihnen achtlos vorüberzieht, der irrt. Ihr Kennerblick sagt ihr dann, lieber nicht. »Kann ich nicht waschen und nähen?« Und dann landen diese Sachen doch in ihrem alten Kinderwagen.

Ab und zu steht schon jemand am Fenster und ruft Jente auf ihrer Tour zu: »Ich habe ein Paket für dich.« Die Jägerin Jente nimmt jede Beute.

Nur einmal hat sie etwas liegen gelassen. Sie schaute zu, wie ein großer schwarzer Hund von seinem Besitzer auf ein wie neu aussehendes rotes Hemd gezogen wurde, um darauf sein großes Geschäft zu verrichten. Hatte der Hundebesitzer sie erkannt und es extra so gemacht?

Jente sah hin, ließ sich aber nicht demütigen. Im Gegenteil. Keck schwang sie ihre Hüfte und ging erhobenen Hauptes an dem Mann und dem beschissenen Hemd vorbei.

Jente ist die Älteste von drei Kindern. Ihr Vater war schon ein alter Junggeselle, als er Jaffale, ihre Mutter, mit der Hilfe eines Heiratsvermittlers fand. Auch ihre Mutter war zu diesem Zeitpunkt nicht mehr die Jüngste. Nach ihrem dritten Kind sagten ihr die Ärzte: »Jaffale, jetzt ist es genug!«

Moischele, ihr Vater, war nach Israel gekommen, da es ihm nicht gelungen war, in Amerika eine passende Frau zu finden. Nach der Familiengründung fand er eine Arbeit als Schächter, musste allerdings mit einem sehr kleinen Gehalt auskommen. Die Mutter war Altenpflegerin und verdiente mit dieser schweren Arbeit auch nicht viel. Aber das Geld von beiden reichte aus für eine Wohnung und ein bescheidenes Leben.

Jente ging acht Jahre lang in eine ultrareligiöse Mädchenschule. Sie war immer auf Trab. Ihre Mutter sagte zu ihr: »Ich war bei meinen Eltern eine Schmatte – ein Putzlappen – und für alles zuständig. Ich musste meine kranke Mutter pflegen, auf die Geschwister aufpassen, unser Haus in Ordnung halten, billig einkaufen gehen, und meistens musste ich auch noch kochen. Jentele, jetzt bist du so weit. Bis zu deiner Hochzeit soll es so bleiben.«

Jaffale verschwieg ihrer Tochter, dass ihr niemals jemand auch nur ein Dankeswort gesagt hatte.

Jente hat Kinder immer schon lieb gehabt. Ihr großer Traum ist es gewesen, Kindergärtnerin zu werden. Nur hatte ihre Mutter bestimmt, dass für die Kindergärtnerin kein Platz mehr blieb.

Jentes Bruder sollte den Traum der Eltern erfüllen. Yankele konnte auf eine Talmud-Schule gehen und studiert bis heute dort – obwohl er schon Familienvater von sechs Kindern ist. Jeden Morgen sieht man ihn, wie auch die anderen Männer, die zur Talmudschule gehen. Schwarze wandelnde Gestalten eilen dann durch die Gassen. Auch bei der größten Sommerhitze tragen sie schwarze Mäntel, schwarze Hosen und schwarze Hüte, unter denen ihre langen Schläfenlocken hervorwehen. Die Bärte der Männer sind noch schwarz. Um die Männer herum springen ihre vielen Kinder. Die Mädchen tragen lange Röcke und Pferdeschwänze, die Jungen ein Käppchen und wehende Schläfenlocken wie ihre Väter. Auf dem Weg zur Talmudschule bringen die Männer ihre Kinder entweder in den Kindergarten oder in die Bibelschule. Yankele lebt von Gottes Hand, die die Form von Regierungszuschüssen angenommen hat.

Jentes jüngste Schwester ist Lehrerin. Für sie wurde lange ein Mann gesucht, der keine Mitgift forderte. Heute haben sie fünf Kinder, der Mann studiert wie sein Schwager, lebt auch von dieser Hand Gottes. Die Schwester ist es, die das Geld verdient. Es kommt aber vor, dass der Mann zu Hause bleiben muss, um die Kinder zu hüten.

Eines Tages ist die Mutter pflegebedürftig geworden. Natürlich kommt nur Jente in

Frage, die Mutter zu betreuen, denn sie ist ledig. Trotz des häufigen Gezeters ihrer Mutter, das nie aufhören wollte und Jente jedes Mal daran erinnerte, dass die Mutter schon immer die Herrschsüchtige in der Familie war und immer das letzte Wort haben wollte, lässt sich Jente nicht beirren. Sie hofft weiter, eines Tages zu heiraten und auch Kinder auf die Welt zu bringen. »Bis dahin bin und bleibe ich Jägerin.«

Sie liebt ihren Beruf, denn durch ihn hat sie viele Begegnungen und so manches schöne Kleid – auch für sich selbst. Fast jede Kundin ist ihr zur Freundin geworden. Vielleicht ist es ihr Hobby, die vielen Kleider und Gebetbücher in ihrem kleinen Zimmer zu sammeln. In jeder freien Minute sitzt Jente zu Hause und repariert ihre Beute. Sie freut sich, wenn sie nach ihrer Behandlung fast wie neu aussehen. Denn eines Tages – da ist sie sich sicher – wird sie sie alle verkaufen.

Wie der Orient den Okzident überrumpelt

»Wie spät ist es?«, schrie laut eine Männerstimme, nicht unsympathisch, aber längst nicht wohlklingend, unter einem großen offenen Fenster. Er trompetete seinen Text sogar drei Mal.

Dann endlich streckte die Hausfrau, die immer alles wissen muss, ihren Kopf heraus und fragte den Mann, der unter ihrem Fenster stand: »Was wollen Sie bitte?«

»Ich wollte wissen, wieviel Uhr es ist. Und kann ich vielleicht zu Ihnen heraufkommen und ein Glas Wasser bekommen.«

Von dem Stimmengewirr angelockt, kam der Ehemann aus seinem Arbeitszimmer heraus und wollte wissen, was los sei. Da stand aber schon Amnon mit seinem Stoppelbart und dem riesigen Schmerbauch vor der Tür.

»Kommen Sie rein«, sagte der Hausherr.

Seine Frau goss kaltes Wasser aus dem Kühlschrank in ein Glas und reichte es Amnon, der das Wasser gierig in einem Zug austrank.

»Wissen Sie, ich habe das Gitter Ihres Fensters gesehen. Es ist völlig verrostet. Wollen Sie es nicht streichen lassen? Ich bin Anstreicher. Gerade bin ich mit der Wohnung Ihrer Nachbarin von gegenüber fertig geworden. Sie können sich die gesamte Wohnung ansehen und sich überzeugen, wie es auch bei Ihnen aussehen könnte. Sie werden es nicht glauben. Immer wieder bringt mir diese Frau neue Kunden, weil sie so zufrieden mit meiner Arbeit ist. Ich bin ein anständiger Mann. Für achthundert Schekel streiche ich Ihnen das gesamte Gitter, sodass es ganz neu aussieht. Wir haben eine neue Farbe entdeckt, die man über den Rost streichen kann, sodass der Rost nicht abbröckelt, keine Löcher im Metall zu sehen sind und wichtiger noch, mit unserer Farbe kann sich der Rost auch nicht weiter ausbreiten.«

Da wagte es der Hausherr, ein Rentner, der schon jahrelang an seiner Biografie schrieb, endlich, den Redeschwall von Amnon, dem Anstreicher, zu unterbrechen. »Was ist Ihr letzter Preis?«, fragte er.

»Sechshundert Schekel«, posaunte Amnon sofort, »die Farbe geht auf meine Rechnung.«

»Ich muss mir das noch überlegen«, erwiderte der Hausherr, dessen Frau sich an seine Seite gestellt hatte. Sie betonte: »Ja, wir müssen Ihr Angebot noch überschlafen.«

»Morgen will ich schon bei Ihnen streichen!«

»Moment mal«, rief die Hausfrau, »Sie überrumpeln uns ja regelrecht. Wir müssen Zeit haben, die Nachbarn zu fragen, die auch ihre Gitter haben streichen lassen.«

Amnon rief: »Für Sie mache ich es für fünfhundert Schekel. So billig mache ich es nie!«

Da mischte sich der Hausherr wieder ein: »Lassen Sie uns Ihre Telefonnummer da. Wir rufen Sie heute Abend an.«

»Vierhundert Schekel, das ist ein letztes Angebot. Nur, weil wir Anstreicher jetzt im Winter wenig Arbeit haben.«

Der Hausherr und die Hausfrau besprachen sich in ihrer Sprache, die Amnon nicht verstand. Ungeduldig trat er von einem Bein auf das andere, bis er sagte: »Ich liebe Ihre Sprache, die klingt so schön.«

Kaum waren diese Worte gefallen, meinten die beiden: »Gut, morgen um neun!«

Damit war die Sache aber nicht erledigt. Amnon flitzte plötzlich in alle Zimmer der Wohnung, betrachtete geschwind die Wände und bemerkte: »Ich schaue mir nur Ihre Küche an. Die ist ja schwarz überm Herd und dem Kühlschrank. Man könnte glauben, da wäre niemals weiße Farbe gewesen.

Ich streiche Ihnen die Küche mit einer besonderen Farbe, die alle Küchendünste abweist. Es wird wieder hell in Ihrer Küche werden.«

Stumm sahen sich die Ehegatten an.

»Dieses Mal will ich mit Ihnen nicht handeln«, meinte Amnon. »Ich sage Ihnen gleich, dass die Küche zweimal gestrichen werden muss. Alle Löcher in der Wand werden zugespachtelt, und es wird Sie nicht mehr als vierhundert Schekel kosten. Aber das ist mein allerletztes Wort, so wahr ich Amnon Maschli heiße.«

Das Ehepaar sprach wieder in der »wohlklingenden« Sprache miteinander, und die beiden beschlossen, auch dieses Mal ja zu sagen. Sie hatten das Gefühl, dass Amnon wie gerufen gekommen war.

Die Nachbarin von gegenüber wurde angerufen. Ihre Stimme erklang: »Vor einer Stunde war der Amnon noch hier. Ich kenne ihn schon jahrelang. Sie können mir glauben, er ist wirklich ein anständiger Mann.

Meine Wohnung ist jetzt herrlich. Noch nie war sie so schön.«

Amnon nickte die ganze Zeit dem telefonierenden Hausherrn zu.

Als das Gespräch beendet war, schaute Amnon nochmals den Hausherrn an und sah, dass er zufrieden war. Amnon kratzte sich auf dem kahlen Kopf und entspannte sich dabei. »Ich muss Ihnen noch etwas sagen. Ich brauche Farbe und Abdeckfolie, die besorge ich bei Uri an der Straßenecke, den Sie auch kennen. Sie können sich bei ihm nach mir erkundigen. Ich kaufe alle meine Farben bei ihm ein. Dazu brauche ich zweihundertfünfzig Schekel. Sie sehen also, ich verdiene nicht viel. Alles kostet Geld.«

Kaum war das gesagt, holte der Hausherr zweihundertfünfzig Schekel für die Farben aus seinem Portemonnaie.

»Hach«, ließ Amnon noch einmal verlauten, »ich habe die Rostfarbe vergessen. Geben Sie mir noch hundertfünfzig Schekel.«

»Welche Sicherheit habe ich denn, dass Sie mit dem Geld nicht davonlaufen?«, fragte der Hausherr verdutzt.

Amnon schlug sich mit der Hand auf die Brust, dass es klatschte. »Sie sollen wissen, dass ich ein Gentleman bin. Mein Wort ist mehr wert als Geld. Wenn ich sage, ich komme morgen, dann komme ich auch!«

Am anderen Tag klingelte es eine halbe Stunde vor der verabredeten Zeit. »Haben Sie ein paar Laken? Der Laden für die Abdeckfolie hat noch geschlossen. Wenn es Flecken gibt, lassen sie sich leicht wieder rauswaschen.« So begrüßte Amnon das Rentnerehepaar.

Die Hausfrau eilte an den Schrank und suchte die ältesten Laken heraus, die alle noch sehr schön waren.

Nach getaner Arbeit verabschiedete sich Amnon von seinen neuen Kunden, die er bereits als seine Freunde betrachtete. Er sprach den Hausherrn vertraut mit »Herr

David« an, und seine Frau wurde für ihn »Frau David«.

Amnon gab nie auf. So kam er noch einmal zurückgelaufen und versprach: »In drei Monaten komme ich wieder. Dann will ich mir ansehen, wie meine Arbeit aussieht.« Doch in Wirklichkeit dachte er bereits daran, dass er dann wohl den Rest der Wohnung streichen könnte.

Siegesbewusst verließ Amnon den Ort. Er hatte es geschafft.

Einige Tage später traf der Hausherr zufällig Uri, den Farbenhändler, dessen Eltern aus Polen stammen, auf der Straße.

»Uri«, sagte der Hausherr, »kennen Sie eigentlich den Amnon Maschli?«

»Was heißt kennen? Wir sind schon seit unserer Jugend miteinander befreundet. Wir haben alle nur möglichen Experimente mit Farben unternommen. Wir haben Farben gemischt, wie machen wir die Farben heller, wie dunkler? Das waren wirklich die schönsten Stunden meines Lebens.«

»Wissen Sie«, sprach Uri weiter, »am Anfang war das komisch für mich, diese große jemenitische Familie von Amnon. Nach seiner Heirat wurde er ganz anders. Jetzt hat er drei Kinder. Seine große Tochter studiert an der Universität von Tel Aviv Kommunikation und Wirtschaftslehre. Die wird es bestimmt schaffen. Sie wohnt mit ihrem Freund zusammen, und Sie können sich vorstellen, was das für diese Familie bedeutet. Amnons Söhne sind beide Berufsoffiziere, und glauben Sie mir, sie wären es nie geworden, wenn sie sich nicht besonders ausgezeichnet hätten.«

Wer hätte gedacht, dass in einer kleinen Straße im Norden von Tel Aviv an einem sonnigen Februartag der Orient den Okzident überrumpelt.

Der muss wirklich meschugge sein

Die Sonne schien hell vom Himmel, und wir saßen im warmen Zimmer und unterhielten uns über dies und jenes. Da entdeckte ich mitten auf dem Tisch einen kleinen hölzernen Priester, der fleißig an seiner Pfeife rauchte, ohne anscheinend zu wissen, dass laut der offiziellen Reklame Rauchen Impotenz und Tod bedeutet.

»Wer ist denn dieser Gentleman«, fragte ich meine Gastgeber.

»Ja, das ist eine besondere Geschichte«, sagte mir unser Freund, der selbstverständlich gerade einen Zigarillo rauchte. Er erzählte mir über das Dorf Seiffen im Erzgebirge, wo die Bauern statt im Winter Trübsal zu blasen lieber Figuren schnitzen.

Jetzt fehlte nur noch, dass das Figürchen auch eine Predigt hielt. Gott sei Dank kam es nicht so weit.

Wir stiegen ins Auto und begannen unsere Pilgerreise nach Kevelaer am Niederrhein, denn mich verlangte es inzwischen, eine Figur vom Captain Hook oder von Robin Hood von den Seiffener Schnitzern zu kaufen.

Kaum in Kevelaer angekommen, begannen wir die übliche Pilgertour von Kirche zu Kirche, wobei ich, frech wie ich bin, sofort behauptete, dass diese Kirchen genauso aussehen wie alle anderen. Aber was sein muss, muss sein, wollten wir uns doch auch damit brüsten, eine Pilgerfahrt gemacht zu haben. So folgten wir brav den Erzählungen unseres Gastgebers, der ja letzten Endes Theologie studiert hat.

Endlich war es so weit. Die Pilgerfahrt war beendet, und ich durfte mit der Genehmigung all meiner Begleiter ein großes Geschäft mit kleinen Holzfigürchen besuchen und mich an Ort und Stelle von dem Fleiß der Erzgebirgsbauern überzeugen.

Was gab es da nicht alles? Ich sah eine Kapelle bestehend aus zwei Geigern, einem Bratschisten und selbstverständlich einem Cellisten. Darunter stand nur kurz: »Musiker, die ›Die vier Jahreszeiten‹ von Antonio Vivaldi spielen«. Mir fiel zu Vivaldi einiges ein, doch ein grober Tritt von hinten machte mir klar, dass man in diesem Laden keine Zeit für Muße und Träume haben darf. Es musste immer weitergehen.

»Immer mit der Ruhe«, sagte ich nach hinten und ging langsam weiter. Ich wollte meinen Augen nicht trauen. Neben mir stand die Figur des Richard Löwenherz, der angeblich Engländer war, dabei die Engländer aber bis aufs Blut gehasst hatte. Er hatte auch erzählt, dass er mit vier einfachen Soldaten zweitausend waschechte Sarazenen in Jaffa in Palästina besiegt hätte und fast alle wären im Kampf gefallen. Die Gräber der

Sarazenen sind bis auf den heutigen Tag nicht gefunden worden.

Inzwischen war die Riesenausstellung der kleinen Holzfigürchen von uns inspiziert, und wir trafen auf eine sehr vollschlanke Dame, die uns die Figuren zum Kauf anbot. Sie wusste nicht einmal, ob Captain Hook ein gewöhnlicher Seeräuberkapitän war oder ein Admiral zur See der britischen Flotte. Sie wusste auch nicht, ob er der Kapitän von Richard Löwenherz war und sogar dessen Pferde mit auf dem Schiff führte oder vielleicht nur ein ganz gewöhnlicher kleiner Handelsschiffskapitän, der aus dem Osten bis nach Frankreich Gewürze brachte und vielleicht sogar Seide aus Indien. Trotzdem, ich kaufte Captain Hook.

Inzwischen stand ich vor dem Laden, der geschlossen wurde. Die Verkäuferinnen gingen nach Hause, als plötzlich ein Platzregen der schönsten Art begann. Es donnerte und blitzte, und auf einmal hörte ich, wie eine kleine Kapelle »Sommer« aus Vivaldis »Vier Jahreszeiten« spielte, und kaum war der Satz zu Ende, sah ich, wie Bauern mit Wasserbehältern auf dem Rücken oder mit Traubensaft in ihren Fässern plötzlich mit den schönsten Mädchen der Welt anmutig tanzten. Die Kapelle spielte immer wieder Vivaldis Musik.

Verzaubert blieb ich stehen, und von oben prasselte der Regen. Ich ging am Schaufenster entlang, und da sah ich sie wieder. Dieses Mal waren es sechs Klezmer-Musikanten. Einer spielte Violine, ein anderer Bratsche, ein dritter Klarinette, ein vierter Bass und die anderen beiden das Saxophon. Sie spielten, was das Zeug nur hielt, und sangen dazu: »Wos wird sein, wos wird sein, wenn Meschiach kummt aheim, ojojoj.« Und danach: »Wir wollen singen, wir wollen tanzen gehen, ojojoj.«

Meine Beine begannen zu zittern. Ich tanzte schon. Ob mich die Leute für närrisch hielten?

Da sah ich sogar einen Standesbeamten, der zu einem Bräutigam sprach, der unter einem Hochzeitsbaldachin mit seiner Braut stand: »Nimm diesen Ring in deine Hand und sprich: ›Mit diesem Ring heilige ich dich nach dem Glauben Moses und Israel.‹« Dutzende von Frauen, Männern und Kindern hörten zu und riefen begeistert »Amen« und »Masel tow«, viel Glück. Die Klezmer spielten wieder auf, und die Hochzeitsgesellschaft tanzte dazu.

Damit nicht genug. Es war noch nicht zu Ende, da sah ich ihn, den Captain Hook. Ganz laut sang er mit barscher Stimme »Sie trug einen Pyjama, als sie kam – she was wearing a pyjama when she comes«. Ein Trompetenorchester spielte auf. Mitten im Konzert vernahm man einen gewaltigen Donnerschlag, der das Gebäude erschütterte. Es blitzte, dass es taghell wurde. Und da hörte der Regen auf – und alle Figürchen standen wieder still.

Meine drei Begleiter hatten bereits vor mir so schnell wie möglich in einem gemütlichen Café Unterschlupf gefunden. Sie saßen vor dampfendem Glühwein, aßen Weihnachtsplätzchen und Christstollen dazu. Sie sahen mich durch die Scheibe.

Mein Gastgeber sagte zu den anderen: »Der muss wirklich meschugge sein.« Recht hatte er...

Als alles vorbei war, ging ich zu ihnen, erzählte das Erlebte und wusste selbst nicht: Ist es wahr oder war es nur ein Traum?

Captain Hook jedenfalls qualmt jetzt so manches Mal im milden israelischen Winter auf seinem Ehrenplatz in meiner Tel Aviver Wohnung.

Meine kluge Untermieterin

Als ich einmal von einer Reise zurückkam, entdeckte ich sofort das offene Schlafzimmerfenster, die Einladung für jeden Einbrecher. Wer hatte es wohl geöffnet? Hatte ich etwa vergessen, es zu schließen? War es der Wind, der es aufgestoßen hatte, oder eine mir unbekannte Macht? Ich konnte die Fragen nicht beantworten.

In meinem Schlafzimmer war alles unverändert. Fast alles, denn auf dem Fußboden lagen einige Zweiglein verstreut umher.

Dann sah ich ihn. Auf meinem Schrank saß ein Gast. Vorwurfsvoll schaute er mich mit seinen Telleraugen an. Er senkte die Lider, hob sie, schaute.

Ich fühlte mich schuldig, suchte nach Möglichkeiten, mit dem Gast in Kontakt zu treten. Schließlich war ich doch schon vor dem Gast, der eine Eule war, Eigentümer dieser Wohnung.

Meine Untermieterin hatte sich bereits häuslich eingerichtet. Sie hatte sich ein Nest gebaut und thronte darauf wie ein Pharao auf seinem goldenen Herrscherstuhl. Ich sprach zu ihr, natürlich Hebräisch, denn schließlich war das die Sprache, die in Tel Aviv üblich war. Ich erklärte der Eule die Besitzverhältnisse: »Das ist meine Wohnung!« Aber sie rührte sich nicht, öffnete nur noch weiter ihre Augen, die nun schon so groß wirkten wie die Teller der Mokkatässchen, die ich auf dem Flohmarkt in Jaffa erstanden hatte.

Ich sagte mir, dass ich vielleicht die Sprache wechseln sollte. Vielleicht verstand sie Deutsch: »Wenn du willst, kannst du hier einige Wochen bleiben, aber nicht länger als die Regenzeit. Ich will dich dann auch meinen Gästen vorstellen, die von dir begeistert sein werden.«

Was glaubt ihr, was geschah?

Die Eule nickte und klimperte sogar mit ihren Augenlidern – lautlos. Damit war unsere erste Unterhaltung beendet.

Beflügelt von diesem Erfolg, brachte ich meiner Eule – wie ich sie nun nannte – am frühen Abend eine kleine Hühnerkeule mit und versprach, ihr am nächsten Abend wieder eine zu servieren. Und siehe da, die Eule nickte abermals und verspeiste die Keule mit Heißhunger. Fast glaubte ich zu hören, wie sie mir zuflüsterte: »Das darfst du nur zu gerne!«

Jede Nacht flog die Eule fort. Aber wenn ich morgens erwachte, saß sie wieder wie ein Wachsoldat auf dem Kleiderschrank. So ging es die ganze Regenzeit über.

Ich musste also bei offenem Fenster schlafen. Nicht selten kam es vor, dass mein Schlafzimmer von den heftigen, doch segensreichen Regengüssen nass wurde. Aber man muss doch was für seine Eule tun.

Meine Hühnerkeulen gab ich ihr inzwischen knochenlos, denn ich wollte den

Besuch beim Zahnarzt vermeiden. Sie hätte ja einen stumpfen Schnabel bekommen können.

Ich erzählte meiner Eule alles: von den kleinen und großen Intrigen bei der Arbeit, von den Leuten, die ich nicht leiden konnte. Ein Problem hatte ich nur mit meiner damaligen Freundin. Sie wollte nicht mehr bei mir schlafen. Die Eule störte sie. Ich versuchte sie zum Bleiben zu ermuntern, erzählte ihr von der griechischen Göttin Pallas Athene, die eine Eule zu ihrer weisen Beraterin machte. Aber auch das half nichts. Wenn die Eule plötzlich nachts um vier Uhr nach Hause kam, musste ich mich schnell anziehen, um schlaftrunken meine Geliebte nach Hause zu bringen. Danach entschuldigte ich mich bei meiner Eule, die mir interessiert zuhörte. Wieder nickte sie ein paar Mal, und ich wusste genau: Meine Eule versteht mich!

Am Sederabend an Pessach hatte ich zwanzig Gäste eingeladen. Ich wollte ihnen stolz meine neue Mitbewohnerin vorstellen. Doch meine Eule war ausgeflogen. Erst um zwei Uhr nachts gingen die Gäste heiter nach Hause, aber die angekündigte Eule kam nicht.

Es war der Anfang vom Ende. Meine Eule blieb zwei Nächte lang weg. Dann kam sie wieder, setzte sich noch einmal in ihr Nest auf meinem Schrank. Abends flog sie wieder hinaus und kam nicht mehr zurück.

Vierzehn Tage lang blieb mein Schlafzimmerfenster noch offen. Aber die Eule ließ sich nicht mehr blicken. Ich suchte sie überall, schaute in alle Bäume in unserem Hof und in den Nachbargärten. Aber ich entdeckte sie nicht mehr.

Eines muss ich gestehen: Meine Eule war sehr klug. Nicht einen einzigen schlechten Rat bekam ich von ihr.

Die Fensterdiebe

Mittwochabend, 22.30 Uhr. Wie immer läuft an diesem Tag bis kurz vor Mitternacht in einem der vielen israelischen Fernsehkanäle eine Krimiserie, in der es natürlich um Mord und Totschlag geht. Doch das Wichtigste ist dabei, dass die Zuschauer eine Aufgabe bekommen. Sie sollen selbst bis kurz vor Ende des Films den Mörder herausfinden. Und wer ihn entdeckt, der nimmt an einer Verlosung teil und hat die Chance, eine Woche lang umsonst ins Ausland zu reisen und dort ein Fernsehstudio zu besichtigen, in dem gerade ein Krimi entsteht.

Viele Israelis kennen die Serie, wissen genau, wann sie beginnt und wann sie aufhört. Die meisten gehen in dieser Zeit nicht ans Telefon, weil ihnen zur Entlarvung des Mörders keine Sekunde entgehen darf.

Diese Sendung ist für die Zuschauer wichtiger als die Nachrichten.

So war es auch vor drei Wochen. Da gingen in einem der Hinterhofhäuser in der Allenbystraße die Fernseher aus und die Küchenlichter an. Schließlich will man doch vor dem Schlafengehen noch schnell einen anständigen Absacker trinken. Tali Silberstein im zweiten Stock gönnte sich wie immer einen Zwetschgenschnaps, als sie plötzlich ein komisches Geräusch hörte. War es eine Säge? Aber zu dieser Zeit? Zirpte eine Grille so laut?

Tali ging ans Fenster und schaute hinaus. Auch ihre Nachbarin über ihr im dritten Stock, Jochebet Busaglu, war am Fenster und fragte Tali: »Was krächzt denn da unten so?«

Eine Viertelstunde zuvor hatten beide Frauen so eine ähnliche Szene im Film erlebt. »Tali«, sagte die siebzigjährige Frau Busaglu und prostete ihr mit ihrem Ouzo zu. »Unser Film wird Wirklichkeit.« Das

Zirpgeräusch ging weiter, obwohl nichts zu sehen war.

»Komisch«, sagte Tali. »Ich war überzeugt, dass der Film jetzt weitergeht. Aber er ist schon aus. Was sollen wir jetzt machen?«, fragte sie die Jochebet. Gerade in diesem Haus wohnten zehn Witwen so zwischen sechzig und neunzig. Aber keine hatte den Mut, die Polizei zu rufen. Es hatte sich ja noch gar nichts ereignet. Würde sich der noch nicht entdeckte Verbrecher nicht gleich an den Frauen rächen wollen? Vor zwei Wochen war im Film etwas Ähnliches geschehen, und die beiden Täter wollten die arme Frau, die sie in ihrer Wohnung überfielen, nicht nur berauben, sondern sogar vergewaltigen.

Wieder war ein Zirpen zu hören. Doch dieses Mal kam sofort ein deftiger Fluch hinterher. Aus einer Männerkehle. Der Arme, den alle Frauen nicht sehen konnten, hatte sich in den Finger geschnitten.

Plötzlich aber sahen sie ihn. Ein mittelgroßer Mann mit hoch gehobenem Arm und ausgestrecktem Zeigefinger, der stark blutete, rannte im Hinterhof herum. Er schrie laut: »Kann mir jemand beim Verbinden meines Fingers helfen?«

Fast automatisch schlossen sich alle Fenster. Jetzt wussten ja die Frauen, mit wem sie es zu tun hatten. Nur die fünfundachtzigjährige Tami überlegte nicht lange, gab sich einen Ruck, öffnete noch einmal ihr Fenster und warf dem Verletzten eine nagelneue Rolle Klopapier hinunter. »Toda raba«, rief eine Männerstimme von unten.

Eine Stunde lang ging das Zirpen weiter. Aber was geschah denn da eigentlich?

Zwei Männer teilten sich ihre Arbeit. Der eine, ein professioneller Glasermeister, musste mit geübtem Griff die riesigen Glasscheiben in den Hausfluren aus den Rahmen schneiden. Der andere stand Schmiere vor dem Haus. Die beiden luden später die Glasscheiben zusammen auf den Glaserkarren und verschwanden irgendwo im Süden Tel Avivs.

Keine der Frauen hatte in der ganzen Zeit geschlafen. Sie wollten wissen, ob die Geschichte mit dem Mann so ausging wie im Fernsehfilm.

Nun traten sie alle vorsichtig aus ihren Wohnungen und versammelten sich im Treppenhaus. Nach kurzen Beratungen – alle kamen zu Wort, die einen lautstark, die anderen eher dezent – beschlossen sie, die Polizei endlich zu rufen, und zwar jede einzelne Frau von ihrem Telefon.

Nach einer Stunde – der Morgen graute schon – kam eine Streife mit vier Polizisten. Ein lustiges Grüppchen von Frauen mit bunten Morgenröcken und Lockenwicklern im Haar erwartete sie an der Stelle, wo vorher die Fensterdiebe mit ihrem Karren gestanden hatten. »Hier stand er«, beteuerte die bucklige Tami, »im Film war es genauso.«

»Von welchem Film sprechen Sie denn?«

Da hörte man auf einmal alle Frauen durcheinander aufgeregt ihre Version des Films erzählen.

»Ach so«, murmelte der Polizeikommandant, »den Film sieht auch meine Schwiegermutter jeden Mittwoch.«

Die Frauen wollten gar nicht aufhören, die Filmszenen genau zu schildern. Da funkte der Kommandant dazwischen: »Nun aber Schluss damit. Jungs, an die Arbeit.«

Die tüchtigen Polizisten konnten im Hinterhof noch die Spuren der vier Räder und Blutstropfen finden. Sofort nahm einer der Polizisten eine Hand voll blutgetränkter Erde und erklärte den Frauen: »Das nehmen wir mit zur Spurensuche.«

Die Frage war nun, was sollte weiter geschehen?

Die Spuren des Glaserkarrens hatten sich schnell auf der Straße verloren. Es war nicht einmal zu erkennen, in welche Richtung die Fensterdiebe gegangen waren. Doch der Schrecken war groß. Zum ersten Mal hatten die Damen erlebt, dass sie gegen Einbrecher ziemlich hilflos sind. Sie hatten nicht die Kraft, Einbrecher zu bekämpfen. Wie sollten sie überhaupt einen Einbrecher erkennen? Vielleicht war der Hausbesitzer ja auch ein wenig meschugge und hatte nachts einen Arbeiter geschickt, um etwas zu reparieren?

Tali hatte eine Idee. »Warum suchen wir uns nicht einen kräftigen Mieter, der allein durch seine Präsenz schon einem Einbrecher den Garaus macht.«

Die meisten Frauen fanden Talis Einfall toll und begannen schon am nächsten Tag, in ihrer Wohnung ein Zimmer herzurichten. Tali, die mit Vermietungen Erfahrung hatte und in einem Reklamebüro gearbeitet hatte, gab am anderen Tag eine Anzeige auf, und nun warteten die Frauen gespannt auf die neuen Mieter.

Fünf junge Männer meldeten sich. Dem ersten war das Zimmer zu teuer, dem nächsten war es zu klein, der dritte wollte eine Toilette für sich haben. Der Vierte konnte sich nicht entscheiden. Der Fünfte aber wurde der erste Mieter. Er fand den Preis akzeptabel, die Vermieterin, die im Alter seiner Oma war, nett. Seine Muskeln konnte man schon von weitem erkennen. Er arbeitete als Packer und Lastenträger in einer Umzugsfirma. Nun schien es klar zu sein. Ein zweites Mal würde so leicht kein Einbrecher mehr in den Hinterhof eindringen.

Miriam Fridolin, eine Rechtsanwältin, die auch hier wohnte, kam erst ein paar Tage später auf den Gedanken, dass man nicht nur Glasfenster demontieren kann. Wie leicht hätte so ein Mann in eine Parterrewohnung eindringen können, um die Frau zu belästigen, wenn nicht noch mehr. Sie kam von diesem Gedanken gar nicht mehr los und war der Verzweiflung nahe. Sie wollte schon ausziehen, doch so eine billige Wohnung würde sie so leicht nicht finden. Nachdenklich ging sie am Abend in das kleine Restaurant neben der Wohnung, wo man billig und gut essen konnte.

Kaum saß sie am Tisch, entdeckte sie am anderen Ende des Tisches ein bekanntes Gesicht.

Woher kenne ich dieses Gesicht bloß, fragte sie sich und kam nicht drauf.

Nach dem Essen stand sie auf und ging zu dem altneuen Bekannten. »Woher kennen wir uns?«, fragte sie den Mann.

Er war klein, zart gebaut und fragte zurück: »Was sind Sie von Beruf?«

»Ich bin Rechtsanwältin«

»Und was machen Sie beruflich?«

»Ich bin Glasermeister!«

»Arbeiten Sie auch nachts?«

»Manchmal schon. Das hängt vom Auftrag ab.«

Da sah Frau Fridolin seinen verbundenen Zeigefinger. Sie bemerkte aber noch mehr. Dieser kleine zierliche Mann war eigentlich ganz nett. Selbst wenn er wollte, könnte er mich gar nicht vergewaltigen, denn schon mit einem Tritt würde er auf dem Boden landen.

»Ich glaube, dass ich Sie bei Ihrer Arbeit gesehen und Sie sogar gestört habe, kürzlich im Hinterhof in der Allenbystraße.«

»Richtig«, sagte der Glasermeister. »Das war mein Zwillingsbruder, der dort in der Nähe sein Geschäft hat.«

Daraufhin gab der kleine Glasermeister Frau Fridolin seine Visitenkarte und sagte: »Wenn Sie einmal einen Glasermeister brauchen, stehe ich gerne zu Ihrer Verfügung.«

»Sollten Sie einmal einen Rechtsanwalt benötigen – was doch gut sein kann – dann stehe ich zu Diensten. Ich glaube, wir können ins Geschäft kommen.«

»Ich habe bereits einen Anwalt.«

»Wie heißt er denn?«

Da nannte der Glasermeister stolz seinen Namen.

»Den kenne ich, er ist ein Kollege von mir. Aber seine Spezialität sind Kriminalfälle«, sagte Miriam Fridolin verwundert.

Verschmitzt schaute sie der Glasermeister an. »Was glauben Sie denn, wer ich bin?«

Frau Fridolin schaute auf die Uhr. Gleich halb elf. Sie verabschiedete sich schnell. In drei Minuten würde die Krimiserie beginnen.

Das Allerneueste aus dem Paradies

Alles begann bei dem Fußballspiel zwischen dem rechts stehenden Fußballclub Betar-Jeruschalayim und der arabischen Fußballmannschaft aus dem Dorf Sachnin. Als es klar wurde, dass Sachnin das Siegtor geschossen hatte, begann es in der großen Fangruppe von Betar-Jeruschalayim zu rumoren, gibt es doch für diese nichts Schlimmeres, als von einer arabischen Mannschaft besiegt zu werden. Da begannen sie bereits ihren altbekannten Slogan »Tod den Arabern« zu schreien.

Ich saß genau unter diesen Fans in einer mittleren Reihe. »Hört sofort auf! Schämt ihr euch denn nicht!« schrie ich zu ihnen hinauf, »diese guten Spieler sind genau wie ihr Bürger des Staates Israel.«

Keiner kümmerte sich um meine Rufe. Im Gegenteil. Einige Rowdys kamen immer näher auf mich zu, um mich zum Schweigen zu bringen.

Plötzlich kamen auch zwei Engel auf mich zugeflogen. Sie raunten mir zu: »Komm schnell mit uns. Sonst schlagen sie dich noch tot.«

Als wir schon in den Lüften schwebten, fragte ich sie: »Wohin bringt ihr mich denn? Eigentlich wollte ich wieder nach Hause.«

Da antworteten sie mir: »Erzengel Gabriel hat uns geschickt, um dich zu einer Stippvisite ins Paradies einzuladen, weil du es gewagt hast, dieser Meute zu parieren.«

Ehrlich gesagt war ich als alter Journalist sehr froh über diese überraschende Einladung. Wem vor mir wurde diese Gelegenheit schon geboten?! So flog ich, von den beiden Engeln umschlungen, einige Stunden, bis wir die Wolkendecke erreichten, sie durchbrachen und plötzlich vor dem Tor des Paradieses ankamen.

Es war nicht leicht, weiterzukommen. Lebendige Hindernisse versperrten den Eingang. Die Engel, die auch Mühe hatten, sich den Weg zu bahnen, meinten zu mir erklärend: »Die Bewohner haben sich beklagt, dass es im Paradies so viel Ungeziefer gibt. Kakalaken in den Schränken, Läuse auf dem Kopf, Flöhe in den Kleidern. Diese Plage erbost die Bewohner. Allerdings haben es die Mücken, Moskitos und andere Stechtiere noch nicht bis zum Paradies geschafft.«

Die Engel erzählten mir, dass der Erzengel Gabriel beschlossen hatte, die unbeliebten Störenfriede aus dem Paradies zu vertreiben. »Die Aktion dauerte nur einen Tag. Da saßen dann alle unliebsamen Gäste vor dem Paradies und waren ausgeschlossen. Natürlich waren sie hier auch nicht an der richtigen Stelle. Denn wer will denn schon am Eingang des Paradieses von all dem Ungeziefer überfallen werden. Die netten Tierchen vor dem Tor des Paradieses sind aus Protest jetzt noch gieriger als einst da drinnen.«

Gerade als ich vor dem Tor stand, kam uns Erzengel Gabriel mit einer riesigen Sprühdose bewaffnet entgegen. Er sprühte das Sano-Insektengift auf alle Viecher, und wir hielten uns die Nase zu. Innerhalb von Sekunden waren Hunderttausende tot.

»Wohin mit diesen ganzen Toten?«, flüsterte man nun.

Der Erzengel sagte kaltblütig: »Runterkehren. Die sollen ruhig wieder auf die Erde zurückfallen. Die Luft auf der Erde ist schon so verschmutzt, dass die Ungezieferleichen dazwischen keiner bemerken wird, zumal sie ja auf der Erde schon zu Staub zerfallen sein werden.«

Der Engel Jonathan erzählte mir weiter, dass es auch eine Ratten- und Mäuseplage gegeben hatte. Erzengel Gabriel hatte sich allerdings für sie eine besondere Arbeit ausgedacht. Sie wurden in die Hölle zum Arbeitsdienst geschickt. Nur eine kleine Ratte mit glänzendem grünen Fell und rosa Näschen blieb als Maskottchen bei Erzengel Gabriel und bekam einen Ehrenplatz auf seiner Schulter. Sogar ein grünes Gemüsegericht, das in der Paradiesküche gekocht wurde, bekam den Namen »Ratatouille«, Rättchen.

Nun öffnete sich das Tor. Der Ehrengast kam ins Paradies. Ich schaute hierhin und dorthin. Da saßen Leute auf dem schönen gepflegten Gras, einige schliefen, andere schauten in die Luft. Andere sah ich, die mit ihren Frauen oder alleine spazieren gingen. Einige saßen im Café, wo es umsonst Espresso oder Milchkaffee gab. Sogar Capuccino, Latte Macchiato und Paradiescocktails wurden angeboten.

Schreien konnten die Leute hier nicht, und Handys gab es keine. Beim Eintritt ins Paradies wurde die Zunge eines jeden mit einem Engelskalpell operiert. Das verhinderte lautes Schreien und heftige Worte. Hier sprachen alle leise und ohne Erregung. Hier war ja das Paradies.

Mir wurde eine Führung durchs Paradies angeboten, und ein Engel fragte mich, was ich zuerst sehen wolle.

»Als erstes möchte ich die Sahids sehen, die feierlichen Opfer, die ihr Leben ließen, nachdem sie Selbstmordattentate gegen Unschuldige in Israel, im Irak und selbstverständlich auch in Afghanistan und anderen moslemischen Staaten begangen haben, um ihre angeblichen Todfeinde zu liquidieren. Es wurde ihnen doch versprochen, dass jeder von diesen verheirateten und unverheirateten jungen Männern im Paradies zweiundsiebzig Jungfrauen erhält, mit denen er machen kann, was er will.«

Da begannen die beiden Engel herzlich zu lachen. »Wer hat ihnen das schon versprochen? Es handelt sich hier doch um Massenmörder, und diejenigen, die es ihnen versprochen haben, sind genauso schuld wie die Mörder selbst.«

Da sagte Jonathan zu mir: »Glaubst du wirklich, dass es so viele Nobelnutten im

Paradies gibt, um den Ansprüchen dieser jungen Leute zu genügen? Natürlich nicht. Aber ich kann dich trösten. Diese ganze Geschichte, die du erzählt hast, stimmt. Nur eines stimmt nicht. Keiner von den Selbstmordattentätern ist ins Paradies gekommen. Im Gegenteil. Lustmörder und andere Massenmörder gehören ein für alle Mal in die Hölle. Als diese Mörder an unsere Tür klopften, ließ Oberengel Gabriel sofort verlauten: ›Ab in die Hölle.‹ Die Höllenhunde kamen, nahmen die Mörder mit ihren Zähnen an den Ohren, und schon waren sie weg. Wenn du diese Leute sehen willst, dann musst du dich selbst auf den Weg machen. Wir bringen dich nicht dorthin.«

Wir gingen weiter. Da kam uns Geruch von gebackenem Brot und Kuchen entgegen. Ich wollte sofort in die Bäckerei. Und schon betraten wir den Ort. Da wurde flink gearbeitet. Geknetet, geformt, ausgerollt. Zwei Dutzend Engel bereiteten Feigenkuchen, Mohnkuchen und Bienenstich vor. Ich bekam ein Stück Bienenstich gereicht, das hervorragend schmeckte.

Wir kamen an eine große Wäscherei. Dort bedienten die Engel die Waschmaschinen, bügelten die Wäsche.

»Ich möchte persönlich mit den Paradiesbewohnern reden«, äußerte ich.

So brachten mich meine beiden Paradiesführer ins Café.

»Darf man hier rauchen?«

»Natürlich, wir sind hier ja nicht in Bayern.«

Ich zündete mir einen Zigarillo an, und als ich bereits richtig ins Rauchen vertieft war, kamen ein junger und ein älterer Mann auf uns zu.

»Wir haben es schon vernommen«, sagte der Ältere zu mir, »Sie wollen über uns schreiben. Sehr nett von Ihnen. Ich heiße Jakob Friedental, war achtundachtzig Jahre auf Erden, meine letzte Frau habe ich hier wieder getroffen. Wir leben eigentlich gut zusammen. Wir haben auch eine Bibliothek, aber ich habe schon auf Erden keine Bücher gelesen. Ich habe mich gefragt, ob ich hier damit anfangen soll. Dann fand ich aber, dass es ziemlich langweilig ist zu lesen. Es gibt bei uns ein Paradies-Bulletin, aber das lädt auch nicht zum Lesen ein. Was steht da schon drin? Da kann man dann lesen, dass der Engel Katriel sich erkältet hat, und ähnliche Dinge. Gestern stand im Bulletin die Nachricht der Kulturabteilung. Es handelte sich dieses Mal nur um Vorträge. Mein lieber Freund, glauben Sie wirklich, dass ich mit meinen achtundachtzig Jahren, einst ehrenwerter Bürger von Tel Aviv, noch Geduld habe, mir langweilige Vorträge anzuhören. Ich habe schon genug in meinem Leben studiert. Ich war doch Professor für Maschinenbau an der Tel Aviver Universität. Also ich sage es Ihnen ganz offen. Mir ist es oft sehr langweilig. Vor lauter Nichtstun wird man müde. Und ich gehöre schon zu denjenigen, die sterben wollen, obwohl sie schon einmal gestorben sind. Aber dieses Mal für immer. Ohne Paradies und ohne Hölle will ich einfach meine Ruhe haben.«

Der Jüngere sah aus wie fünfunddreißig. »Schauen Sie mich an. Ich bin früh gestorben. Und wissen Sie, warum? Ich habe gut verdient, habe in High Tech gearbeitet, und dann bekam ich plötzlich Krebs und bin gestorben. Warum ich ins Paradies kam? Sehr einfach. Fünfzig Prozent meines Gehaltes brauchte ich für mich und meine Familie und die andere Hälfte sollten die Armen bekommen, die nicht fähig sind, sich selber zu ernähren. Alle hielten mich für verrückt. Aber ich sagte mir, dass das einfach eine Investition in die Zukunft ist. Meine Frau lebt noch. Sie hat wieder geheiratet. Auch meinen Kindern geht es gut. Meine Frau sorgt für sie, und ich habe hier eine Edelnutte bekommen, die meine Frau so lange vertritt, bis auch sie stirbt und zu mir kommt. Ich bin überzeugt, dass sie ins Paradies kommt, denn sie ist eine brave und anständige Frau, immer fleißig gewesen, und das genügt eigentlich. Hier ist es schön. Ich lese viel, schreibe selbst ein Buch über meine Erlebnisse im Paradies. Erst nach langen Überlegungen habe ich diese Frau, die Edelnutte, gewählt. Sie ist genau das, was ich brauche. Wann immer ich sie brauche, ist sie da – und wenn nicht, ist sie bei sich zu Hause oder bei einem anderen Kunden.«

Langsam sprach es sich herum, dass ich eine Reportage über das Paradies schreiben wollte. Da kam ein ehemaliger Kunstschmied zu mir. Er hatte goldene Hände und auch ein sehr gutes Verständnis für seine Arbeiten. Er hatte sein Handwerk geliebt. Für anderes interessierte er sich kaum. Vorträge über den stockenden Friedensprozess in Israel hörte er sich nicht an. Auch das Innenleben der Affen ging an ihm vorüber. »Was glauben denn die Engel? Soll ich jetzt mit siebenundsiebzig Neues lernen? Ich will hier nur meine Arbeit fortsetzen. Aber die Engel sagen, das ginge nicht. Im Paradies herrscht Arbeitsverbot. Ich habe ihnen gesagt, dass ich dann lieber wieder auf die Erde will. Doch der Engel sagte mir: ›Auch das geht nicht. Wir können dich nicht mehr lebendig machen. Wir können dich nur hier im Paradies behalten. Du musst dich eben daran gewöhnen, dass auch Nichtstun schön sein kann.‹ Fünf Jahre bin ich nun hier, und jeden Tag sehne ich mich nach meiner Arbeit zurück. Jetzt habe ich angefangen, die Modelle von meinen Arbeiten zu malen. Ich kann zwar ein Buch schreiben, aber hier gibt es kein Verlagshaus. Was ich hier schreibe, kommt nur in die Hände der Paradiesbewohner, aber leider interessiert die das gar nicht.«

Auch die andern, die kamen, stimmten in diesen Kanon ein. Mir war schon klar, ein wahres Paradies kann es nicht geben. Das Essen ist gut, die Bücher und die Vorträge auch. Und trotzdem kann es langweilig sein.

Ich kam zurück zum Tor. Jonathan und Jechiel warteten schon auf mich und nahmen mich gleich in Empfang. Dieses Mal ging der Flug schnurstracks zu meiner Wohnung.

Mitten im Flug landete ein Kakalakenflügel auf meiner Wange. Ehrlich gesagt, war ich richtig glücklich, nicht mehr im Paradies zu sein. Auf Erden ist es einfach schöner.

Also, liebe Leser, lebt hier auf Erden in Vergnügen, tut alles, was euch lieb und gut ist, seid auch so zu euren Mitmenschen, denn letzten Endes ist es im Paradies nicht schöner. Vor allem aber lebt, so lange ihr könnt. Das ist die einzige Botschaft, die ich aus dem Paradies mitgebracht habe. Es ist schön im Paradies, aber viel schöner und interessanter ist es im Leben.